헌법 국가 **자유** 민주주의

침묵의 대가: 정치적 무관심이 위협하는 민주주의

| 침묵의 대가: 정치적 무관심이 위협하는 민주주의 |

| 들어가며 |

정치적 무관심의 위기

시대를 초월한 정치적 갈등의 묘사

'정치 토론', 에밀 프리앙(1863-1932), 1889년, 유화, 개인소장

프랑스 사실주의 화가 에밀 프리앙(Émile Friant 1863-1932)이 1889년에 완성한 작품 《정치 토론(La Discussion politique)》은 인간관계 속에서 정치적 견해 차이가 만들어내는 미묘한 긴장감을

예리하게 포착한 걸작이다. 프리앙은 19세기 말 프랑스 농촌을 배경으로 일상의 소소한 순간에 드러나는 인간 사회의 보편적 갈등을 놀라운 통찰력으로 화폭에 담아냈다.

작품은 농촌 마을을 배경으로, 네 명의 남성이 술자리에서 정치적 토론을 벌이는 장면을 포착하고 있다. 인물들은 모두 편안한 작업복 차림으로, 그중 한 명은 밀짚모자를 쓰고 있어, 얼마 전까지 들에서 일했음을 암시한다. 테이블 위에는 술이 조금씩 남아 있는 잔들과 함께 펼쳐진 신문이 놓여 있다.
특히 주목할 만한 것은 네 사람이 사용하는 잔 외에 세 개의 빈 잔이 더 놓여 있다는 점이다. 이는 정치 토론이 시작되면서 자리를 떠난 이들이 있었음을 암시하는 섬세한 설정으로, 정치적 무관심이나 토론 기피 현상을 상징적으로 보여준다.

프리앙의 탁월한 심리 묘사 능력은 각 인물의 표정과 자세에서 빛을 발한다. 신문을 펼쳐 든 남성은 자신의 정치적 견해를 열정적으로 피력하고 있다. 그 맞은편에 앉은 오른쪽 남성은 아예 고개를 돌려버린 채 주먹까지 꽉 쥐고 있어 완고한 태도를 분명히 드러낸다. 왼편의 남성은 비교적 점잖은 태도를 보이지만 소극적인 반응은 마찬가지다. 이들 얼굴에 드러난 미묘한 감정의 변화—확신, 불편함, 고집, 당혹감 등—은 정치적 대화가 만들어내는 복잡한 심리 상태를 놀라운 정확도로 포착해낸다. 한 화면 안에서 대립하는 인물들 사이의 팽팽한 긴장감은 보는 이로 하여금 그들 사이의 응축된 공기를 생생하게 느낄 수 있게 한다.

《정치 토론》 작품이 오늘날에도 강한 공감을 불러일으키는 이유는, 시대와 배경이 달라도 정치적 토론이 빚어내는 인간관계의 불편함과 미묘한 심리는 본질적으로 변하지 않았기 때문이다. 현대 사회에서도 우리는 종종 친구나 가족 간에 정치적 견해 차이로 인해 감정이 격해지고, 목소리가 높아지며, 서로 마음의 상처를 입는 상황을 경험한다.

프리앙은 이러한 보편적 갈등을 19세기 말에 이미 탁월한 통찰력으로 포착해냈다. 이 작품은 그의 이러한 재능이 빛나는 대표작 중 하나로 평가받고 있다. 더불어 작품이 주는 공감 가능한 웃음 뒤에는, 한국 사회를 포함한 현대 사회의 고질적인 정치적 양극화와 소통의 단절이라는 문제의 한 단면이 투영되어 있다.

에밀 프리앙 (Émile Friant, 1863-1932)
일상의 순간을 포착한 프랑스 사실주의의 거장

프랑스 로렌 지방의 디외즈에서 태어난 에밀 프리앙은 어린 시절부터 뛰어난 예술적 재능을 보였다. 보불전쟁 이후 낭시로 이주한 그는, 낭시 국립예술학교에서 공부하며 두각을 나타냈고 장학금을 받아 파리로 유학하여 알렉상드르 카바넬의 지도를 받았다.

초기의 고전주의적 화풍에서 점차 사실주의와 자연주의적 경향으로 발전한 프리앙은 일상생활 속 인물들의 모습을 세밀하게 묘사하는 데 뛰어났다. 특히 여성과 아이들을 소재로 한 작품에서 따뜻한 인간미를 드러냈다.

그는 목탄화, 유화 등 다양한 매체를 자유자재로 다루었고, 혁신적으로 사진을 활용해 작품을 구상하기도 했다. 《슬픔에 젖은 아이》, 《어머니의 정》, 《정치 토론》 등의 대표작을 통해 당대 사회상과 인간의 보편적 감정을 생생하게 표현했으며, 프랑스 사실주의를 대표하는 화가로서 시대를 초월한 감동을 전하고 있다.

CONTENTS

들어가며 - 정치적 무관심의 위기
- 에밀 프리앙

1부 대한민국은 민주공화국이다

1 민주주의를 무너뜨리는 정치적 무관심의 위기
- 경계를 넘는 사상가 만나기: 에리히 프롬

2 대한민국 헌법, 국민, 자유 그리고 국가
- 경계를 넘는 사상가 만나기: 임마누엘 칸트

3 국가와 민주주의: 자유를 향한 영원한 여정
- 경계를 넘는 사상가 만나기: 토마스 홉스

4 정치적 무관심이 부르는 민주주의의 몰락

5 민주주의의 부활: 시민의 힘으로 여는 새로운 미래

6 자유는 주어지는 것일까?

7 피로 쓴 자유의 대가, 대한민국 민주주의의 진화

8 4·19혁명으로 우리가 지켜낸 자유의 이야기

9 햇불이 된 민중, 역사가 된 저항: 3.1 운동과 시민의 존엄

10 피로 쓴 민주주의, 책임으로 지키는 자유

11 법 앞의 평등, 자유주의의 그늘에서 길을 찾다

12 이소노미아: 민주주의의 근본을 말하다

2부 근대 자유주의의 시작

1 고대 그리스 정치철학의 지혜
2 17세기 영국의 변혁과 홉스의 정치철학
3 자유와 평등은 인간의 기본권
4 국민의 주권이 국가를 움직인다
5 근대 민주주의와 의회 제도의 혁명적 진화
6 홉스의 충격적 국가론
7 투쟁하는 자만이 누리는 권리
8 고대 철학자들이 현대 지도자들에게 보내는 메시지
9 욕망, 자유, 그리고 국가: 인간사회의 위대한 방정식
10 민족의 재발견, 21세기 국가와 민족의 새로운 지평

필수도서 소개
민족이란 무엇인가, 독일 국민에게 고함

존 듀이의 시각으로 바라본 민주주의의 진정한 의미
민주주의의 가치 | 민주주의의 깊이 있는 지혜 | 존 듀이

절대왕정의 신화를 무너뜨린 혁명가: 존 로크
존 로크의 <통치론> | 신의 이름으로: 필머의 왕권신수설 | 현대적 의미

대한민국 헌법 전문

맺음말

1부

대한민국은
민주공화국이다

대한민국 헌법 - 파면

2024년 12월 3일 오후 10시 23분,
윤석열 대통령의 비상계엄 선포.

2024년 12월 4일 새벽 1시 1분,
국회 본회의에서 재석 의원 190명 전원 찬성으로
'비상계엄 해제 요구 결의안' 가결.

국회가 헌법 제77조에 따라 비상 계엄령을 즉각적으로 해제 하였으나, 대한민국은 비상계엄이라는 긴박한 정치적 사건을 겪게 되었습니다.

2025년 4월 4일 오전 11시 22분,
헌법재판소의 재판관 8명 전원일치 의견으로
윤석열 대통령 파면.

그리고 2025년 6월 3일,
민주주의 꽃인 선거를 통해
대한민국의 제21대 대통령으로 이재명 대통령 당선.

1
민주주의를 무너뜨리는 정치적 무관심의 위기

'대한민국은 민주공화국이다'
'대한민국의 주권은 국민에게 있고, 모든 권력은 국민으로부터 나온다'
_대한한국헌법 제1조 1항 2항

침묵의 대가: 현대 민주주의의 위기

민주주의의 가장 어두운 역사적 교훈 중 하나는 '합법적인' 방식으로 권력을 장악한 나치(Nazism) 정권의 사례입니다. 흔히 알려진 것과 달리, 히틀러와 나치당(독일 노동자당)은 무력 쿠데타를 통해 정권을 획득한 것이 아니었습니다. 그들은 독일 바이마르 공화국의 대의제 민주주의 체제 내에서 합법적인 선거 과정을 통해 다수의 지지를 확보함으로써 권력의 중심부에 진입했다는 점에 주목할 필요가 있습니다.

이러한 역설적 상황이 가능했던 핵심 배경에는, 당시 독일 사회에 만연했던 정치적 무관심이 자리하고 있었습니다. 물론 모든 시민이 정치에 무관심했던 것은 아니다. 오히려 소수의 대기업, 극우 성향의 정치인, 군부 세력 등은 히틀러의 부상을 통해 자신들의 이익을 극대화하려는 명확한 정치적 목적을 가지고 있었습니다.

그러나 다수 시민들의 정치적 무관심과 수동성은 이러한 극단주의 세력이 민주주의의 제도적 장치를 활용하여 권력을 장악할 수 있는 토양을 제공했습니다. 이는 민주주의가 단순히 제도적 형식만으로는 지켜질 수 없으며, 시민들의 적극적인 정치 참여와 비판적 의식이 그 근간을 이룬다는 사실을 역설적으로 보여주는 역사적 사례입니다.

나치즘(Nazism)의 부상 과정은 정치적 무관심이 초래할 수 있는 치명적 결과에 대한 경고와 함께, 건강한 민주주의의 유지를 위해 시민의 정치적 경각심과 참여가 얼마나 중요한지를 일깨우는 역사적 교훈으로 남아있습니다.

민주주의와 정치적 무관심의 위험성

현대 민주주의가 직면한 가장 심각한 도전 중 하나는 정치적 무관심의 확산입니다. 이는 특히 대의제 민주주의에서 투표율 저하로 명확하게 드러납니다. 투표 행위는 비록 정치 참여의 전부를 대변하지는 않지만, 시민의 기본적인 정치적 의사표현 수단으로서 건강한 사회의 정치적 건강성을 나타내는 중요한 지표입니다.

현재 민주주의를 표방하는 대부분의 국가들이 투표율 하락이라는 공통적 문제에 직면해 있습니다. 우리나라는 이 현상이 더욱 두드러지게 나타나는 국가 중 하나로 평가됩니다. 이는 단순한 일시적 현상이 아닌, 민주주의의 기반을 약화시키는 구조적 문제로 인식되고 있습니다. 특히 주목할 점은 전 세계적으로 젊은 유권자들의 투표율이 다른 연령대보다 더 급격히 감소하고 있다는 사실입니다. 이들 사이에서는 정치적 허무주의가 광범위하게 확산되는 경향이 뚜렷합니다. 이러한 현상의 근본 원인으로는 다음과 같은 요소들이 지목됩니다:

- 기성 정치에 대한 불신
젊은 세대는 본질적으로 기존 체제에 대해 비판적 시각을 갖는 경향이 있으며, 정치적 관행과 비효율적 시스템에 강한 회의감을 표출합니다.

- 개인주의적 가치관의 강화
현대 사회는 공동체 의식보다 개인의 성취를 우선시하는 방향으로 변하고 있습니다. 학업 성적, 취업 경쟁, 승진 등 개인적 성공이 최우선 가치로 자리 잡으며, 공적 사회 영역에 대한 관심이 상대적으로 감소하고 있습니다.

이러한 정치적 무관심은 단순히 한 세대의 일시적 특성이 아니라, 민주주의의 지속가능성을 위협하는 중대한 사회적 과제로 인식되어야 합니다. 민주주의가 그 본질적 가치를 유지하기 위해서는 시민들, 특히 젊은 세대의 적극적인 정치 참여가 필수적입니다. 어쩌면 젊은 세대들의 정치 참여가 그 나라의 부강한 국가로 나아가는 힘으로 작용될 수 있기 때문입니다.

정치적 무관심이 초래하는 민주주의의 위기

정치적 무관심은 단순한 개인의 선택이 아닌, 민주주의 자체를 위협하는 심각한 사회적 현상입니다. 흔히 인용되는 그리스 철학자 플라톤의 경구 **"정치적 무관심의 대가는 자신보다 못한 사람의 통치를 받게 되는 것"**은 이 문제의 실제 심각성을 충분히 담아내지 못합니다.

정치적 무관심의 진정한 대가는 단순히 능력이 부족한 지도자의 등장에 그치지 않습니다. 그 궁극적 결과는 민주주의의 붕괴와 극단적 권위주의 체제의 등장이라는 훨씬 더 파괴적인 형태로 나타날 수 있습니다. 역사는 시민들의 정치적 무관심이 어떻게 민주주의의 기반을 서서히 침식시키고, 결국에는 전체주의 체제의 발판을 마련했는지를 분명히 보여주고 있습니다.

이러한 맥락에서 사회심리학자 에리히 프롬(Erich Fromm)의 『자유로부터의 도피』에 담긴 분석은 특별한 주목을 받을 만합니다. 프롬은 전체주의 체제의 등장이 단순히 독재자의 야망이나 극소수 엘리트의 음모만으로는 설명될 수 없다고 지적합니다. 오히려 그 핵심에는 다수 시민들의 저항 부재와 정치적 무관심이 자리하고 있었다는 것입니다.

프롬의 분석에 따르면, 사람들은 능동적 저항이나 참여를 포기함으로써 자유의 부담으로부터 도피하는 길을 택했습니다. 이러한 집단적 무관심과 책임 회피가 전체주의가 뿌리내릴 수 있는 비옥한 토양을 제공했던 것입니다.

오늘날의 민주주의 사회에서도 이러한 정치적 무관심의 증가는 우려할 만한 현상으로 지적되고 있습니다. 투표율 하락, 정치 과정에 대한 냉소주의 확산, 공적 담론의 질적 저하 등은 모두 민주주의의 건강성을 위협하는 징후들입니다.

역사의 교훈은 분명하며 정치적 무관심은 단순히 "차선의 지도자"를 낳는 데 그치지 않습니다. 그것은 민주주의 자체의 존립을 위협하는 치명적인 요소가 될 수 있으며, 최악의 경우 우리가 상상하는 것보다 훨씬 더 암울한 결과를 초래할 수 있습니다.

나치즘의 역사적 교훈

저명한 심리학자 에리히 프롬은 나치즘(Nazism)의 성공 요인을 분석하며 놀라운 결론에 도달했습니다. 그에 따르면 파시즘의 핵심 동력은 다름 아닌 다수 대중의 소극적 굴복이었습니다. 강력한 저항 없이 나치에 순응한 이 침묵하는 다수가 히틀러의 권력 장악을 가능케 한 결정적 요소였던 것입니다. 민주주의 체제에서 합법적으로 권력을 획득하기 위해서는 결국 대중의 지지가 필수적이었으며, 나치는 이를 교묘히 활용했습니다.

당시 독일 사회의 대다수를 구성하던 노동자, 실업자, 농민, 그리고 영세 상공인들은 나치의 부상에 대해 적극적으로 저항하기보다 소극적으로 허용하는 태도를 보였습니다.

프롬의 분석에 따르면, 이는 단순한 무관심이 아닌 '자유로부터의 도피' 현상이었습니다. 대중은 불확실성과 책임을 동반하는 자유를 추구하는 대신, 안정과 확실성을 약속하는 권위에 자신을 맡기는 길을 선택한 것입니다.

프롬은 이러한 정치적 무관심의 근원을 "주로 내적인 피로와 체념의 상태"에서 찾았습니다. 사회적·경제적 불안정과 미래에 대한 불확실성이 만연한 상황에서, 많은 이들이 정치적 참여와 비판적 사고를 포기하고 내면적으로 체념하는 상태에 이르렀다는 것입니다.

현대 민주주의에 대한 경고

프롬의 통찰은 단지 1930년대 독일에만 국한된 것이 아니라, 현대의 민주주의 국가들에도 적용될 수 있는 보편적 경고입니다.

정치적 무관심과 시민적 참여의 부재는 오늘날의 민주주의 국가들에서도 관찰되는 현상으로, 이는 민주주의의 근간을 위협할 수 있는 잠재적 위험 요소로 작용할 수 있습니다.

이러한 역사적 교훈은 건강한 민주주의의 유지를 위해 시민의 적극적 참여와 비판적 의식이 얼마나 중요한지를 다시 한번 상기시킵니다.

| 경계를 넘는 사상가 만나기 |

에리히 프롬
Erich Seligmann Fromm, 1900-1980

인본주의 철학과 비판적 사회 심리학의 선구자

에리히 프롬은 20세기 가장 영향력 있는 사회 심리학자이자 철학자 중 한 명으로, 인간성과 자유에 관한 깊은 통찰로 현대 사상에 지대한 영향을 미쳤습니다. 독일 프랑크푸르트의 유대인 가정에서 태어난 프롬은 법학에서 시작해 사회학으로 전향했으며, 1922년 하이델베르크 대학에서 유대인 디아스포라 사회학에 관한 논문으로 박사 학위를 취득했습니다. 초기에는 시오니즘에 심취했으나, 후에 "보편적 메시아주의와 인본주의"라는 더 넓은 이상을 추구하며 이로부터 거리를 두었습니다.

1920년대 중반 프리다 라이히만의 지도 하에 정신분석 수련을 받은 프롬은 1927년 임상 실천을 시작했고, 1930년에는 프랑크푸르트 사회연구소에 합류하며 비판 이론의 발전에 기여했습니다. 나치즘의 위협 속에 1934년 미국으로 이주한 그는 컬럼비아 대학을 거쳐 윌리엄 앨런슨 화이트 연구소 설립에 참여하며 미국 정신분석계에 신선한 관점을 제시했습니다. 1949년 멕시코시티로 이주한 프롬은 멕시코 국립자치대학교(UNAM)에서 정신분석학과를 설립하고, 미시간 주립대학과 뉴욕대학에서도 교수직을 겸임하며 학문적 영향력을 확장했습니다. 그는 1980년, 80세 생일을 불과 며칠 앞두고 스위스 자택에서 생을 마감했습니다.

프롬은 전통적 프로이트주의에서 벗어나 사회·문화적 맥락 속에서 인간 심리를 이해하는 '신프로이트학파'의 주요 인물이었습니다. 카렌 호니와 해리 스택 설리반과 함께한 그의 작업은 정신분석과 사회학의 유기적 통합을 시도했습니다. 그의 사상은 마르크스주의적 사회 분석과 정신분석적 통찰을 결합하여, 현대 사회의 소외 현상과 인간의 자유 문제를 심층적으로 탐구했습니다. 스스로를 "비신론적 신비주의자"로 규정한 프롬의 철학은 제도화된 종교를 넘어 인간 존재의 근본적 의미를 추구했습니다.

프롬의 작품들은 현대인의 정신적 위기와 사회적 병리를 진단하는 동시에, 사랑과 창조성을 통한 진정한 자아 실현의 가능성을 제시하며 오늘날까지도 많은 이들에게 영감을 주고 있습니다.

2
대한민국 헌법, 국민, 자유 그리고 국가

국민의 자유와 권리는 헌법에 열거되지 아니한 이유로 경시되지 아니한다.
국민의 모든 자유와 권리는 국가안전보장·질서유지 또는 공공복리를 위하여
필요한 경우에 한하여 법률로써 제한할 수 있으며, 제한하는 경우에도 자유와
권리의 본질적인 내용을 침해할 수 없다.
_대한민국 헌법 제37조

우리 헌법이 말하는 국민의 권리

 우리 헌법은 매우 특별한 약속을 하고 있습니다. 대한민국 헌법 제37조는 "헌법에 적혀있지 않은 자유와 권리라도 소홀히 대할 수 없다"고 선언합니다. 이는 마치 백지수표처럼, 우리의 기본적 자유를 폭넓게 보장하겠다는 국가의 약속입니다.

대한민국 헌법은 우리 국민의 가장 소중한 자유들을 보다 구체적으로 나열합니다:

- 자유롭게 생각하고 믿을 수 있는 양심의 자유(헌법 제19조)
- 원하는 곳에서 살고 움직일 수 있는 거주이전의 자유(헌법 제14조)
- 말하고, 쓰고, 모일 수 있는 언론·출판·집회의 자유(헌법 제21조)
- 배우고 창작할 수 있는 학문과 예술의 자유(헌법 제22조)

하지만 이러한 자유들은 하늘에서 저절로 떨어진 것이 아닙니다. 우리의 선배들은 이 당연해 보이는 권리들을 얻기 위해 오랜 시간 노력했습니다. 그렇다면 자유는 단순히 싸워서 얻는 것일까요?

실제로 자유는 더 복잡한 관계 속에서 존재합니다. 국가는 우리를 전쟁이나 재난, 전염병으로부터 보호하고, 경제 위기 때는 긴급 대책을 마련합니다. 이런 보호와 혜택을 받는 만큼, 우리에게도 책임이 따르는 것이죠. 법(法)을 지키고 다른 사람의 자유를 존중하는 것이 바로 그것입니다.

가장 중요한 것은 모든 인간의 존엄성입니다. 우리 각자는 그 자체로 존중받아야 할 가치가 있습니다. 하지만 이 존엄성은 혼자만의 것이 아닙니다. 우리는 사회의 구성원으로서, 서로의 존엄성을 지키고 존중하며 살아가야 합니다.

결국 진정한 자유란, 단순히 '얻는 것'이 아니라 '함께 만들어가는 것'입니다. 우리가 서로를 존중하고 책임을 다할 때, 헌법이 약속한 자유는 더욱 단단해질 것입니다.

칸트의 정언명법: 우리 모두의 도덕 나침반

우리는 살면서 늘 '이렇게 해도 될까?' 하는 고민을 합니다. 18세기 독일의 철학자 <u>임마누엘 칸트(Immanuel Kant, 1724-1804)</u>는 이런 고민에 대한 명쾌한 답을 제시했습니다. 바로 '정언명법(定言命法)'이라는 도덕적 나침반입니다.

- **정언명법의 핵심: "모두가 따라 해도 괜찮은 행동인가?"**

칸트의 생각은 놀랍도록 단순하면서도 깊습니다. "네가 하려는 행동이 모든 사람의 행동 규칙이 되어도 괜찮은가?" 예를 들어볼까요? 거짓말을 하려 할 때, 이렇게 생각해보는 겁니다: "만약 세상 모든 사람이 거짓말을 해도 된다고 생각하면 어떻게 될까?"

이는 마치 우리가 법을 만들 때처럼, 모든 사람이 동의할 수 있는 최소한의 규칙을 찾는 과정입니다. 칸트는 이런 보편적 규칙에 맞는 행동을 '선하다', 어긋나는 행동을 '악하다'고 보았습니다.

- **단순한 규칙 그 이상: 자율적 도덕 판단**

그런데 칸트의 정언명법은 단순한 규칙 목록이 아닙니다. 이는 우리 각자가 스스로 생각하고 판단하는 능력을 강조합니다.

예를 들어:

- ■ "이 행동이 모든 사람의 표준이 된다면?"
- ■ "내가 이런 행동을 당하면 어떨까?"
- ■ "이 선택이 사회 전체에 어떤 영향을 미칠까?"

이런 성찰을 통해 우리는 진정한 도덕적 주체가 될 수 있습니다.

- **법과 도덕의 조화**

칸트는 한 걸음 더 나아가 진정한 도덕적 행동의 조건을 제시합니다. 단순히 법을 지키는 것만으로는 부족합니다. 행동이 합법적이면서 동시에 그 행동에 대한 선한 의도가 있어야 진정한 인간다운 행위가 된다고 보았죠. 즉, 존경심과 존중이 함께 있어야 한다는 것입니다.

우리 일상에 적용해보면, 단순히 법규를 지키는 것을 넘어 "왜 이 규칙이 필요한가?", "이 행동이 다른 사람에게 어떤 의미가 있을까?"를 생각하며 행동하는 것이 칸트가 말하는 진정한 도덕적 행위인 것입니다. 결국 칸트의 메시지는 명확합니다:

"당신의 모든 행동이 세상의 보편적 규칙이 된다고 상상해보세요. 그래도 괜찮다면, 그것이 바로 옳은 행동입니다."

민주적 합의: 자유와 질서의 조화

우리는 태어날 때부터 자유롭고 도덕적인 존재입니다. 하지만 프랑스의 철학자 장 자크 루소가 지적했듯이, 사회생활을 하면서 우리는 여러 규칙과 법이라는 '쇠사슬'에 묶이게 됩니다. 그렇다면 이러한 제약은 우리의 자유를 침해하는 것일까요?

루소는 중요한 해답을 제시합니다. 소수 지배층이 일방적으로 만든 규칙이 아닌, 모든 구성원이 함께 만드는 법이어야 한다는 것입니다. 이는 마치 반 친구들과 학급 규칙을 정하는 것처럼, 모두가 참여하고 동의하는 과정이 필요하다는 뜻입니다.

• **국가의 진정한 의미**

국가는 단순한 행정 조직이 아닙니다. 그것은:

- 우리가 함께 살아가는 큰 공동체
- 서로를 이해하고 존중하는 터전
- 구성원 간의 유대감을 만드는 기반

이러한 관점에서 기독교 윤리학자 라인홀드 니버의 말은 의미심장합니다. _"사회가 추구할 수 있는 최고의 도덕적 이상은 정의(justice)입니다."_ 개인의 도덕과는 달리, 국가는 더 큰 차원의 정의를 실현해야 하는 것입니다.

헌법이 보장하는 근본 가치

우리 대한민국 헌법 제10조는 이러한 정의의 출발점을 명확히 제시합니다: _"모든 국민은 인간으로서의 존엄과 가치를 가지며, 행복을 추구할 권리를 가진다."_

이는 매우 혁명적인 선언입니다.
왜냐하면:

- 어떤 특별한 자격이나 조건이 필요 없음
- 단지 '인간이라는 것' 만으로 충분
- 국가는 이를 보장할 의무가 있음

결국 진정한 의미의 국가는 구성원 모두의 존엄성과 자유를 보장하면서도, 함께 살아가는 데 필요한 정의로운 질서를 만들어가는 공동체라고 할 수 있습니다. 이것이 바로 우리가 추구해야 할 국가의 모습입니다.

| 경계를 넘는 사상가 만나기 |

임마누엘 칸트
Immanuel Kant, 1724-1804

계몽주의 도덕 철학자

한 번도 고향을 떠나지 않고도 세상을 바꾼 사람이 있다는 걸 알고 있나요? 바로 독일의 위대한 철학자 임마누엘 칸트(Immanuel Kant, 1724-1804)입니다.

칸트는 평생 독일 프로이센의 작은 도시 쾨니히스베르크에서 살았지만, 그의 생각은 전 세계를 누볐죠. 마치 우리가 스마트폰으로 전 세계와 소통하듯, 그의 철학은 국경을 넘어 많은 사람들의 사고방식을 바꾸었습니다.

칸트가 특별한 이유는 그가 서로 다른 두 가지 철학 사상을 멋지게 연결했기 때문입니다. 당시 유럽에서는 '이성'을 중시하는 대륙의 철학자들과 '경험'을 강조하는 영국의 철학자들이 대립하고 있었어요. 칸트는 이 둘을 모두 아우르는 새로운 관점을 제시했는데, 이를 '선험적 종합 판단'이라고 부릅니다. 마치 코페르니쿠스가 지동설로 천문학의 관점을 바꾼 것처럼, 칸트도 철학의 관점을 완전히 새롭게 바꾸었다고 해서 '코페르니쿠스적 혁명'이라고 불리죠.

그의 대표작으로는 『순수이성비판』, 『실천이성비판』, 『판단력비판』이 있습니다. 특히 그의 도덕철학은 오늘날까지도 큰 영향을 미치고 있어요. 칸트는 진정한 도덕은 외부의 강요가 아닌, 우리 스스로의 판단에서 나와야 한다고 믿었습니다. 마치 우리가 스스로 정한 규칙을 더 잘 지키는 것처럼요.

재미있는 점은 칸트가 주장한 도덕의 개념이 오늘날 우리가 이야기하는 '보편적 인권'이나 '평등'과 매우 닮아있다는 거예요. 그는 200년 전에 이미 모든 인간이 존중받아야 한다는 생각을 철학적으로 정립했던 거죠.

이처럼 칸트는 한 번도 먼 여행을 떠나지 않았지만, 그의 생각은 시공간을 넘어 오늘날까지 우리의 삶에 영향을 미치고 있습니다. 마치 유튜브 영상 하나가 전 세계 사람들의 생각을 바꿀 수 있는 것처럼, 칸트의 철학도 우리의 사고방식을 더 넓고 깊게 만들어주고 있답니다.

3

국가와 민주주의:
자유를 향한 영원한 여정

모든 국민은 신체의 자유를 가진다. 누구든지 법률에 의하지 아니하고는 체포 · 구속 · 압수 · 수색 또는 심문을 받지 아니하며, 법률과 적법한 절차에 의하지 아니하고는 처벌 · 보안처분 또는 강제노역을 받지 아니한다.
_대한민국 헌법 제12조 1항

국민에게서 비롯된 모든 권력

우리나라 헌법(Constitution of Republic of Korea)은 한 마디로 국가의 뼈대가 되어주는 법이라고 할 수 있습니다. 국가의 기본적인 구조와 가치가 바로 헌법이며 법들의 최고 상위법입니다. 그래서 대한민국 헌법에서 가장 중요한 가치는 인간의 존엄과 가치입니다.

대한민국 헌법 제1조 2항은 "모든 권력은 국민으로부터 나온다."고 규정합니다.

우리는 일상적으로 국가라는 거대한 틀 안에서 살아가고 있습니다. 그러나 국가와 개인의 관계를 깊이 들여다보면, 이는 결코 단순한 공존이 아닌 끊임없는 긴장과 균형의 역사였음을 알 수 있습니다. 특히 오늘날 우리가 당연하게 여기는 자유민주주의는 수세기에 걸친 투쟁과 성찰의 결실입니다.

"인생은 외롭고, 더럽고, 잔인하고, 그리고 짧다."

17세기 영국의 정치철학자 토마스 홉스(Thomas Hobbes, 1588-1679)의 이 유명한 말은, 당시 시대상을 반영하면서도, 인간 본성에 대한 날카로운 통찰을 담고 있습니다. 홉스는 인간 사회의 혼돈과 무질서를 목격하며, 강력한 통치 권력의 필요성을 주장했습니다. 그가 말한 '리바이어던(Leviathan)'은 개인들의 자유와 안전을 보장하기 위해 탄생한 거대한 권력체제였습니다. 여기 홉스의 '리바이어던'은 구약성서 욥기에 등장하는 강력한 바다 괴물에서 따온 명칭으로, 국가의 절대적 권력을 상징합니다. 홉스는 이 성서적 메타포를 통해 인간의 안전과 질서를 보장하는 국가의 압도적 권위를 표현했습니다. 마치 어떤 인간의 힘으로도 제어할 수 없는 리바이어던처럼, 국가는 구성원들의 복종을 이끌어내는 거대하고 불가항력적인 존재라는 그의 통찰을 함축적으로 드러냅니다.

그러나 여기서 수복해야 할 점은, 홉스조차도 이 권력이 무제한적일 수 없다고 보았다는 사실입니다. 개인의 생명과 안전, 그리고 자유에 대한 기본권은 양도할 수 없는 천부적 권리라고 주장했습니다. 이는 후대의 자유주의 사상에 중요한 씨앗을 뿌린 것이었습니다.

"자유가 아니면 죽음을 달라(Give me liberty, or give me death!)" 라는 패트릭 헨리(Patrick Henry, 1736~1799)의 웅장한 외침은 이러한 맥락에서 더욱 깊은 의미를 띱니다. 이는 단순한 정치적 구호를 넘어, 인간의 존엄성과 자유에 대한 근원적 갈망을 표현한 것입니다. 이 구호가 미국 독립전쟁과 프랑스 대혁명에서 반복적으로 등장했다는 사실은, 이것이 담고 있는 보편적 가치를 잘 보여줍니다. 패트릭 헨리는 미국 독립운동 시기의 대표적인 정치가이자 웅변가로, 독립전쟁 초기부터 식민지 주민들에게 큰 영향을 미친 인물입니다. 그는 특히 영국의 식민 통치에 강력히 반대하며 미국 독립의 필요성을 역설한 연설로 유명합니다. 헨리는 미국 독립뿐 아니라 개인의 자유와 권리 수호를 중요하게 여겼습니다. 그는 새로운 미국 헌법이 정부 권력을 너무 강하게 만들 우려가 있다며, 이를 비판했지만, 후에 권리 장전(Bill of Rights)이 포함되자 지지했습니다.

존 로크는 이러한 자유주의적 사상을 체계화했으며 그의 사회계약론은 국가 권력의 정당성이 시민들의 동의에 기반해야 한다는 혁신적인 관점을 제시했습니다. 이는 현대 민주주의의 이론적 토대가 되었습니다. 로크는 정부의 역할이 시민들의 자연권을 보호하는 데 있다고 주장했으며, 이는 오늘날 우리가 이해하는 '법치주의'와 '기본권 보장'의 근간이 되었습니다.

현대 사회에서 자유민주주의는 가장 발전된 정치체제로 인정받고 있습니다. 그러나 이는 완성된 제도가 아닌, 끊임없이 진화하고 발전해야 하는 살아있는 체제입니다. 국가는 여전히 개인의 자유와 권리를 보장해야 할 의무가 있으며, 시민들은 이를 감시하고 견제할 권리와 책임을 가지고 있습니다.

특히 오늘날 우리는 새로운 도전에 직면해 있습니다. 테러리즘, 기후변화, 팬데믹과 같은 글로벌 위기는 국가의 역할 확대를 요구하지만, 동시에 개인의 자유와 권리가 침해되지 않도록 균형을 잡는 것이 중요합니다. 디지털 시대의 도래는 프라이버시와 보안이라는 새로운 긴장 관계를 만들어내고 있습니다.

결국 우리가 추구해야 할 것은 홉스가 꿈꾼 질서와 로크가 주장한 자유가 조화를 이루는 사회일 것입니다. 국가는 개인의 기본권을 보장하는 동시에 사회의 안정과 번영을 추구해야 하며, 시민들은 이러한 과정에 적극적으로 참여하고 견제하는 역할을 해야 합니다.

자유민주주의의 역사는 결코 순탄하지 않았습니다. 그러나 그 여정은 인류가 추구해온 가장 숭고한 이상을 향한 진보의 과정이었습니다.

우리는 이 소중한 유산을 더욱 발전시켜 다음 세대에게 물려줄 책임이 있습니다. 국가와 개인의 관계는 앞으로도 계속해서 재정립되고 발전할 것이며, 그 과정에서 우리는 더 나은 미래를 향해 한 걸음씩 나아갈 수 있을 것입니다.

견제와 균형의 민주주의

결국 국가와 개인의 관계에서 핵심은 '자유와 권리의 보장'이며, 홉스가 말한 리바이어던(국가)은 개인의 자유와 안전을 위해 존재하며, 로크의 사회계약론은 이러한 국가 권력이 시민의 동의에 기반해야 함을 강조했습니다. 대한민국 헌법 역시 이러한 철학을 반영하여 "모든 권력은 국민으로부터 나온다"는 원칙을 천명하고 있습니다.

현대 자유민주주의 국가에서는 개인의 기본권이 헌법으로 보장되며, 국민의 양심과 학문, 예술의 자유 등 다양한 자유권을 명시하고 있습니다. 다만 테러나 팬데믹 같은 위기 상황에서는 공공의 안녕질서를 위해 일정 부분 권리가 제한될 수 있으나, 이 역시 법률이 정한 엄격한 절차에 따라야 합니다.

앞으로도 국가와 개인의 관계는 견제와 균형을 통해 발전해왔으며, 이는 끊임없는 민주주의의 진화 과정이라고 할 수 있습니다. 우리에게 주어진 과제는 이러한 민주주의의 가치를 지키고 발전시켜 다음 세대에게 물려주는 것입니다.

| 경계를 넘는 사상가 만나기 |

토마스 홉스
Thomas Hobbes, 1588-1679

인간 본성과 국가의 필요성을 고민한 철학자

17세기 영국의 철학자 토마스 홉스(1588-1679)는 왜 국가라는 것이 필요한지에 대해 깊이 고민했던 사상가입니다. 그의 이야기는 매우 흥미롭습니다. 아버지의 부재 속에서 자란 홉스는 다행히 부유한 삼촌의 도움으로 좋은 교육을 받을 수 있었습니다. 옥스퍼드에서 공부한 후, 귀족 가문의 가정교사가 되어 유럽 전역을 여행하며 갈릴레오와 같은 유명한 학자들도 만났죠. 이런 경험들이 그의 생각을 넓히는 데 큰 도움이 되었습니다.

홉스의 인생에서 가장 큰 전환점은 영국 내전(1642-1651)이었습니다. 의회파와 왕당파가 서로 싸우는 모습을 보면서, 그는 "인간은 왜 이렇게 서로 싸우는 걸까?", "평화롭게 살 수는 없을까?"라는 질문을 하게 됩니다.

《리바이어던》과 홉스의 주장
이런 고민 끝에 그가 쓴 책이 바로 『리바이어던(Leviathan)』입니다.

이 책에서 홉스는:

- 국가가 없다면 인간은 "만인의 만인에 대한 전쟁" 상태에 빠질 것
- 평화롭게 살기 위해서는 강력한 통치자가 필요하다
- 사람들은 자발적으로 자신의 일부 권리를 통치자에게 맡긴다

라는 매우 현실적인 주장을 펼쳤습니다.

당시 많은 사람들은 "인간은 본래 사회적 동물"이라고 생각했습니다. 하지만 홉스는 달랐죠. 그는 인간이 평화롭게 살기 위해서는 자발적인 합의(사회계약)와 강력한 통치가 필요하다고 보았습니다.

홉스의 생각은 오늘날에도 여전히 중요한 의미를 가집니다. 우리가 왜 법과 질서가 필요한지, 국가는 어떤 역할을 해야 하는지를 생각할 때 그의 통찰은 여전히 유효하기 때문입니다. 91세의 긴 생애 동안 그가 남긴 생각들은 현대 정치철학의 기초가 되었습니다.

홉스가 보여준 "인간은 왜 국가를 만들었을까?"라는 질문은, 오늘날 우리가 "더 나은 사회를 어떻게 만들 수 있을까?"를 고민할 때도 매우 중요한 출발점이 됩니다.

4
정치적 무관심이 부르는 민주주의의 몰락

보이지 않는 거인의 숨결

"여러분은 오늘 아침, 국가를 의식하셨나요?"

깨끗한 물을 마시고, 안전한 도로를 달려 출근하며, 신호등 앞에서 잠시 멈추는 순간에도 우리는 거대한 존재의 보호 아래 있습니다. 마치 공기처럼 보이지 않지만, 우리의 모든 순간을 감싸고 있는 이 거인의 존재 - 그것이 바로 '국가(Nation)'입니다.

"국가가 분명히 존재함에도 그것을 의식하지 않고 살아갈 수 있는 세상, 어쩌면 그것이야말로 국가의 존재를 가장 모르고 살아가는 모습이 아닐까요?"

이 역설적인 질문은 우리가 미처 보지 못했던 일상의 진실을 깨우쳐 줍니다.

법과 질서, 경제와 교육 - 이 모든 것들은 마치 잘 짜인 교향곡처럼 우리의 삶을 조용히 이끌어갑니다. 하지만 때로는 이 거대한 오케스트라의 연주가 멈추는 순간이 찾아옵니다. 재난이 닥치고, 위기가 찾아오며, 평화가 깨지는 그 순간. 우리는 비로소 이 보이지 않는 거인의 존재를 절실히 실감하게 됩니다.

국가에 대한 무관심은 마치 자신의 심장박동을 잊고 사는 것과 같습니다. 그것이 멈출 때까지는 그 소중함을 미처 깨닫지 못하는, 위험하고도 아이러니한 착각입니다.

무관심이 초래하는 치명적 결과

우리는 매일 아침 깨어나 숨 쉬듯 자연스럽게 '국가'라는 거대한 시스템 속에서 살아갑니다. 우리의 일상은 보이지 않는 국가의 보호막 안에 있습니다. 하지만 이 완벽한 시스템의 존재감이 너무나 자연스럽기에, 우리는 종종 그 가치를 잊고 살아갑니다.

정치(politics)는 단순한 뉴스 속 이야기가 아닙니다. 그것은 우리의 일상을 만들어가는 도구입니다. 이를테면 세금, 교육, 의료, 주거 - 삶의 모든 순간은 정치적 결정의 산물입니다. 하지만 많은 이들이 정치를 '그들만의 리그'로 치부하며 방관자가 되기를 자처합니다.

이러한 방관은 결국 우리 사회의 면역체계를 무너뜨립니다. 마치 몸의 면역세포가 제 역할을 하지 않으면 쉽게 병에 걸리듯, 시민들의 정치적 무관심은 사회의 법과 질서를 무기력하게 만들어 혼란을 초래합니다.

"정치를 외면한 대가는 가장 저질스러운 인간들에게 지배당하는 것이다." 플라톤의 이 경구는 2400년이 지난 지금도 우리의 심장을 때립니다. 그의 경고는 단순한 정치 참여 독려가 아닙니다. 그것은 민주주의의 생존 법칙입니다.

정치가 도덕성을 잃을 때, 권력은 탐욕의 도구가 되고 법은 강자의 편의에 굴복합니다. 공공의 이익은 사라지고, 사회는 점차 약육강식(弱肉强食)의 정글로 변해갑니다.

15세기 이탈리아의 현실주의자 마키아벨리는 충격적인 제안을 했습니다. 그는 『군주론』에서 정치적 목적을 위해서라면 도덕적 정당성이 때로는 유보될 수 있다고 주장했습니다. 이 대담한 시각은 지금도 우리에게 도전적인 질문을 던집니다.

"정치와 도덕은 정말 분리될 수 있는가?"

하지만 역설적으로, 마키아벨리의 도발적 주장은 정치와 도덕의 불가분성을 더욱 선명하게 드러냅니다. 도덕성이 결여된 정치적 성공은 결국 시민의 신뢰를 잃고, 그 자체로 실패로 귀결되기 때문입니다.

깨어있는 시민의 힘

민주주의는 우리가 숨 쉬는 공기와 같습니다. 그 존재를 의식하지 못할 때조차 우리의 생존을 지탱하고 있습니다. 하지만 이 공기가 오염되면, 우리 모두가 그 독성에 노출됩니다. 정치적 무관심은 바로 이 민주주의의 공기를 오염시키는 주범입니다.

깨어있는 시민의 정치 참여는 단순한 의무가 아닙니다. 그것은 우리 공동체의 도덕적 면역력을 강화하는 필수 영양소입니다. 정치와 도덕이 조화를 이룰 때, 우리는 비로소 진정한 의미의 '좋은 사회'를 만들어낼 수 있습니다.

정치에 무관심하면서 도덕적일 수 있을까요? 그 답은 명확합니다.

정치적 무관심은 그 자체로 도덕적 책임의 방기입니다. 우리가 침묵할 때, 그 빈자리는 반드시 누군가가 채울 것입니다. 그리고 그 '누군가'가 과연 우리 사회를 위해 올바른 선택을 할 것이라고 믿을 수 있을까요?

민주주의는 우리 모두의 참여로 숨 쉬는 생명체입니다.

당신의 한 표, 당신의 한 목소리, 당신의 작은 관심이 바로, 이 생명체의 심장을 뛰게 하는 힘입니다. 침묵은 더 이상 우리의 선택지가 될 수 없습니다.

당신의 선택이 만드는 내일

 민주주의와 도덕성의 실천은 거창한 구호가 아닌, 우리의 일상적 선택에서 시작됩니다. 후보자의 공약을 꼼꼼히 살펴보는 것, 지역 정책에 의견을 내는 것, 주변과 정치를 토론하는 것 - 이 모든 작은 행동들이 건강한 민주주의를 만드는 씨앗입니다.

 정치는 더 이상 '그들만의 리그'가 아닙니다. 당신이 침묵하는 순간, 누군가는 당신의 목소리를 대신하여 당신의 삶을 결정짓게 될 것입니다. 깨어있는 시민의 참여만이 우리 아이들에게 물려줄 민주주의의 미래를 지킬 수 있습니다. 지금 이 순간, 당신의 관심과 참여가 대한민국 민주주의의 심장을 뛰게 하는 힘입니다.

5

민주주의의 부활:
시민의 힘으로 여는 새로운 미래

민주주의의 위기와 희망의 빛

현대 사회에서 "민주주의의 위기"라는 진단이 끊임없이 제기되고 있습니다. 이는 단순한 우려를 넘어 우리 시대가 직면한 가장 중대한 도전 과제로 부상하고 있습니다. 300여 년, 전 루소가 『사회계약론』에서 던진 "인간은 자유롭게 태어났으나 어디에서나 쇠사슬에 묶여있다"는 통찰은, 현대 사회에서도 여전히 강력한 울림을 주고 있습니다.

진정한 번영이란 단순한 물질적 풍요를 넘어서는 개념입니다. 그것은 상품과 아이디어의 자유로운 교환, 사회적 통합과 공평성, 그리고 나눔의 정신이 조화롭게 어우러진 상태를 의미합니다. 이러한 관점에서 볼 때, 진정한 민주주의는 시민 각자가 자신의 권리와 책임을 깊이 인식하고 실천할 때 비로소 꽃필 수 있습니다.

다윈주의적 관점에서 본 민주주의의 생존 전략

생명체와 마찬가지로 모든 제도와 체제에도 수명이 있습니다. 찰스 다윈의 진화론적 통찰은 오늘날 민주주의의 운명을 이해하는 데 중요한 실마리를 제공합니다. 생존하는 것은 가장 강하거나 크기가 큰 존재가 아니라, 변화에 가장 잘 적응하는 존재라는 그의 이론은, 현대 민주주의가 직면한 도전을 이해하는 핵심 열쇠가 됩니다.

민주주의의 생존을 위한 적응력은 교육과 소통이라는 두 가지 핵심 요소에서 비롯됩니다. 미래의 번영은 단순한 기술적 진보가 아닌, 인문학적 사고력의 함양에서 출발합니다. 그러나 현재 우리의 교육 현실, 특히 초·중등 교육은 세계적 수준에 미치지 못할 뿐만 아니라, 그 질적 격차도 심각한 수준입니다.

더욱 우려되는 것은 시민들 간의 열린 대화가 점차 사라져가고 있다는 점입니다. 이는 단순한 소통의 부재를 넘어, 사회와 종교의 정치화라는 더 큰 문제로 이어지고 있습니다.

앞으로의 민주주의적 과제

세계화의 물결이 거세게 밀려오는 21세기에서, 민주주의는 그 어느 때보다 복잡하고 역동적인 양상을 띠고 있습니다. 국경이 희미해지고 정보가 빛의 속노보 전파되는 현대 사회에서, 다국적 기업들의 영향력은 국가의 경계를 넘어 확대되고 있습니다. 이러한 변화는 피할 수 없는 시대의 흐름이며, 궁극적으로는 전 지구적 정치 체제의 통합으로 이어질 수 있습니다.

민주주의의 지속가능한 발전을 위해서는 엘리트 교육을 넘어선 포용적 교육이 필수적입니다. 전 세계적으로 소외된 계층의 교육 혁신이 시급하며, 인문학적 소양을 갖춘 시민들의 성장은 더 나은 정치 시스템을 만드는 토대가 될 것입니다.

결국, 민주주의의 성공은 시민 개개인의 잠재력을 최대한 발휘할 수 있게 하는 데 달려 있습니다. 국가는 단순한 관리자가 아닌, 시민들의 창의성과 도전정신을 북돋우는 조력자가 되어야 합니다. 이러한 관점에서 볼 때, 고대 사상가들의 통찰은 현대 민주주의를 더욱 풍성하게 만드는 지혜의 원천이 됩니다.

국가 번영을 위한 시민 존중의 원칙

아리스토텔레스와 마키아벨리의 통찰:

고대 그리스 로마의 정치 철학은 현대 민주사회의 운영에도 깊은 함의를 지닙니다. 아리스토텔레스가 『정치학』에서 강조했듯이, 통치자는 탁월한 재능을 지닌 이들을 최고의 예우로 대해야 합니다. 이는 현대 민주주의 국가에서도 여전히 유효한 원칙입니다.

마키아벨리의 통찰 역시 주목할 만합니다. 그는 국가의 번영을 위해서는 모든 시민이 안심하고 자신의 일에 매진할 수 있는 환경이 필수적이라고 보았습니다. 이는 현대 민주주의 사회에서 말하는 '경제적 자유'와 '기회의 평등'이라는 가치와 맞닿아 있습니다.

오늘날 정부의 역할은 시민들의 창의성과 기업가 정신을 억압하는 것이 아닌, 이를 적극적으로 지원하고 격려하는 것이어야 합니다. 과도한 규제나 불확실한 정책 환경은 시민들의 경제활동 의지를 꺾을 수 있습니다. 대신, 혁신과 창조를 장려하는 제도적 기반을 마련하는 것이 현대 민주주의 국가의 중요한 과제입니다.

시민의 힘으로 쓰는 민주주의의 새로운 지도

민주주의가 직면한 현재의 위기를 극복하고 더 나은 미래를 열어가기 위해서는 다음과 같은 실천적 과제들에 주목해야 합니다.

첫째, 교육의 혁신이 필요합니다. 단순한 지식 전달을 넘어 인문학적 소양과 비판적 사고력을 키우는 교육이 필요하며, 특히 소외계층에 대한 교육 기회 확대가 시급합니다.

둘째, 시민의 자유로운 경제활동을 보장하는 제도적 기반을 구축해야 합니다. 과도한 규제를 철폐하고, 창의성과 기업가 정신이 꽃필 수 있는 환경을 조성해야 합니다.

셋째, 열린 대화와 소통의 회복이 필요합니다. 다양한 의견이 자유롭게 교환되고 토론될 수 있는 공론의 장을 활성화해야 합니다.

넷째, 시민 개개인의 적극적 참여가 중요합니다. 투표권 행사를 비롯한 정치적 참여와 일상에서의 민주적 가치 실천이 필요합니다.

민주주의는 완벽한 제도가 아닙니다. 하지만 우리가 이러한 과제들을 꾸준히 실천해 나간다면, 더 나은 미래를 향한 희망의 문을 열 수 있을 것입니다. 변화하는 시대에 맞춰 민주주의도 함께 진화해야 하며, 그 진화의 중심에는 언제나 시민이 있어야 합니다.

6

자유는 주어지는 것일까?

국민의 자유와 권리는 헌법에 열거되지 아니한 이유로 경시되지 아니한다.
국민의 모든 자유와 권리는 국가안전보장·질서유지 또는 공공복리를 위하여
필요한 경우에 한하여 법률로써 제한할 수 있으며, 제한하는 경우에도 자유와
권리의 본질적인 내용을 침해할 수 없다.
_대한민국 헌법 제37조 1,2항

자유와 권리

자유(Freedom), 그 복합적이고 미묘한 개념은 우리 삶의 근본적인 가치임에도 불구하고 정의하기 쉽지 않은 추상적 원리입니다.

법적 관점에서 대한민국 헌법 제37조는 자유에 대해 매우 깊이 있고 균형 잡힌 시각을 제시합니다. 이 조항은 단순히 자유를 보장하는 것

을 넘어, 개인의 권리와 국가의 공공성 사이의 섬세한 균형을 추구합니다.

헌법은 두 가지 핵심 원칙을 명확히 합니다. 첫째, 헌법에 명시되지 않았다고 해서 어떤 자유와 권리도 경시될 수 없다는 점입니다. 이는 개인의 기본적 권리가 문서화된 조항에 한정되지 않음을 의미합니다. 둘째, 자유와 권리는 국가안전, 사회질서, 공공복리를 위해 제한될 수 있지만, 그 제한에는 엄격한 조건이 따릅니다. 법률로만 제한할 수 있으며, 무엇보다 중요한 것은 자유와 권리의 본질적 내용을 훼손해서는 안 된다는 점입니다.

이러한 헌법적 접근은 자유를 단순한 개인의 욕구가 아니라, 사회 구성원 전체의 조화로운 공존을 위한 섬세한 균형으로 이해합니다. 자유는 무제한적 방종이 아니라, 서로의 권리를 존중하고 공동체의 가치를 인정하는 성숙한 태도에서 비롯됩니다.

결국 진정한 자유란 법적 테두리 안에서 개인의 존엄성을 보장하고, 공동체와 조화를 이루는 상호 존중의 실천입니다.

마키아벨리의 통찰력 있는 정치철학

마키아벨리는 분열된 이탈리아의 통일과 로마제국의 영광스러운 부활을 꿈꾸며 『군주론』을 저술했습니다. 그의 관심은 단순한 정치 이론을 넘어 국가의 근본적 변화와 재건에 대한 깊은 통찰에 있었습니다.

역사적으로 로마제국은 4세기에 접어들며 심각한 내부 균열을 경험했습니다. 이 쇠락의 근본 원인은 사회 구조의 근본적인 모순에 있었습니다. 지배층의 끝없는 사치와 하층민에 대한 극심한 수탈, 그리고 백성의 불만을 억누르기 위한 군사력 확장은 제국 붕괴의 씨앗이 되었습니다.

3세기 말 갈리아에서 일어난 '바고다이(Bacaudae) 민란'은 이러한 사회적 모순의 대표적인 사례입니다. '투쟁하는 사람들'이라는 의미를 가진 이 민란은 켈트족의 저항 정신을 상징하며, 로마제국 전역에 저항의 불씨를 지폈습니다.

마키아벨리의 정치철학에 비추어 보면, 민주공화국의 진정한 힘은 통치자의 자질에 달려 있습니다. 독재적 통치는 결코 진정한 자유를 보장할 수 없으며, 오히려 사회의 근본적인 균열을 초래할 위험이 있습니다.

결국 안정적이고 지속 가능한 국가 운영은 통치자의 지혜, 백성에 대한 이해, 그리고 공동체의 근본적인 가치를 존중하는 리더십에서 비롯됩니다. 마키아벨리는 이러한 통찰을 통해 단순한 정치 이론가를 넘어 깊은 사회철학적 통찰을 제공했습니다.

르네상스 시대의 이탈리아 사상가, 정치철학자
니콜로 마키아벨리

니콜로 마키아벨리(1469-1527)는 이탈리아 르네상스 시대의 뛰어난 정치 철학자이자 외교관으로, 그의 대표작 『군주론』을 통해 근대 정치사상에 혁명적인 영향을 미쳤습니다.

피렌체 공화국에서 고위 관리로 활동하며, 그는 정치의 본질에 대한 냉철하고 현실적인 통찰을 제공했습니다. 마키아벨리는 정치가 도덕성보다는 실용성에 기반해야 한다고 주장하며, 통치자들에게 국가 존속을 위해 때로는 비윤리적인 선택도 불가피하다고 조언했습니다.

『군주론』은 출판 당시부터 논란의 중심에 있었습니다. 일부는 이를 정치적 현실에 대한 냉철한 분석으로 보았고, 다른 이들은 권력 획득을 위한 부도덕한 지침서로 비판했습니다.

그러나 마키아벨리의 영향력은 『군주론』을 넘어 『리비우스 서사시』같은 다른 저작을 통해 근대 공화주의 사상에도 깊은 뿌리를 내렸습니다. 장-자크 루소와 같은 계몽주의 사상가들에게 큰 영향을 미쳤으며, 많은 정치 철학자들의 사고에 지대한 영향을 끼쳤습니다.

결과적으로 마키아벨리는 단순한 정치 이론가를 넘어 정치의 본질적 메커니즘을 꿰뚫어본 혁신적인 사상가로 평가받고 있습니다.

민주주의의 섬세한 균형

자유와 정치는 단순한 규범이 아니라 끊임없는 균형과 성찰의 과정입니다. 개인의 권리와 사회의 공동선, 통치자의 지혜와 백성의 자유 사이에는 항상 섬세한 긴장관계가 존재합니다.

마키아벨리가 『군주론』을 통해 보여준 것처럼, 진정한 정치의 본질은 권력의 남용이 아니라 공동체의 지속가능성을 추구하는 것입니다.

역사는 우리에게 끊임없이 가르칩니다. 사회적 불평등, 권력의 독점, 그리고 구성원들의 존엄성 무시는 결국 사회 붕괴로 이어진다는 것을요. 따라서 우리는 항상 서로의 권리를 존중하고, 공동체의 가치를 깊이 이해하며, 균형 잡힌 시각으로 사회를 바라보아야 합니다. 궁극적으로 자유란 개인의 욕망이 아니라, 서로를 인정하고 존중하는 성숙한 공동체의 실천입니다.

7
피로 쓴 자유의 대가, 대한민국 민주주의의 진화

일제의 식민 통치가 한국 사회에 미친 영향

일제는 한국인들의 단결된 저항을 막기 위해 정교한 분할 통치 전략을 구사했습니다. 지역과 계층 간 갈등을 조장하고, 최소 행정단위까지 감시 체계를 구축하여 한국인들 사이의 불신과 분열을 키웠습니다. 표면적으로는 '문화 통치'를 표방했으나, 이는 실질적으로 더욱 교묘한 억압 수단이었습니다.

교육은 본래 개인의 자주성과 비판적 사고를 키우는 도구여야 했으나, 일제는 이를 식민 지배를 공고히 하는 수단으로 전락시켰습니다. 학교는 순종적이고 수동적인 신민(臣民)을 양성하는 곳이 되었고, 이는 한국인의 정신적 성장을 저해했습니다.

일제 강점기의 본질은 단순한 국권 침탈을 넘어섰습니다. 정치, 경제, 문화, 교육 등 사회 전반에 걸친 구조적 왜곡을 통해 한국인의 기본적 삶의 권리마저 침해했습니다. 이는 한 민족의 자주적 생존권과 발전 가능성을 근본적으로 억압한 것이었습니다.

이러한 식민 지배의 유산은 해방 이후에도 한국 사회에 깊은 상처로 남았으며, 이를 극복하기 위한 노력은 현대 한국 사회의 중요한 과제가 되었습니다.

다원주의적 관점에서 본 민주주의의 생존 전략

진정한 사회 변화는 외부의 모델을 단순히 모방하는 것이 아닌, 우리 땅의 실제 경험과 결합될 때 실현 가능합니다. 시민의 직접행동이 힘을 갖기 위해서는 우리의 고유한 경험과 지식이 현실적 대안으로 승화되어야 합니다.

민주사회에서 시민이 권력의 주체라는 것은 기본 원칙임에도 불구하고, 현실에서는 국가 권력이 시민을 향해 물리적 힘을 과시하는 모순적 상황이 벌어지고 있습니다. 장갑차, 군용 헬기, 무장 병력의 배치는 민주주의의 근본 가치를 훼손하는 상징적 모습입니다.

더욱 우려스러운 것은 민주적 절차인 선거가 본래의 의미를 상실했다는 점입니다. 시민을 대표하고 봉사할 지도자를 선출하는 과정이,

권력의 물리적 강제력을 누구에게 부여할 것인가를 결정하는 절차로 변질되었습니다.

이러한 상황에서 시민의 행동하는 양심은 민주주의를 지키는 마지막 보루가 됩니다. 부패한 제도와 왜곡된 권력 행사에 대한 시민의 저항은 단순한 항의를 넘어, 민주주의의 본질을 회복하기 위한 필수적 실천이 되고 있습니다.

3·1운동의 역사적 의의

1919년의 3·1운동은 단순한 독립만세운동을 넘어선 거대한 민족적 각성이었습니다. 이 운동은 전 계층을 아우르는 전국적 움직임으로 발전하여, 국제사회에 한국 민족의 독립 의지를 알리고 대한민국 임시정부 수립의 토대가 되었습니다.

3·1운동의 진정한 의미는 33인의 민족 대표나 유관순 열사의 영웅적 행동을 넘어, 수많은 평범한 시민들의 저항 정신에 있었습니다. "대한독립 만세"라는 구호는 단순한 독립 요구를 넘어, 일제의 강압적 통치에 대한 민중의 근본적 거부와 자주권 회복에 대한 열망을 담고 있었습니다.

오늘날 우리는 3·1운동의 정신이 현대 민주주의 운동으로 이어지고 있음을 목격하고 있습니다. 시민들은 각자의 자리에서 민주적 가치를 수호하며, 평화적이고 질서 있는 방식으로 자신들의 권리를 주장하고 있습니다. 이는 과거 독립운동가들의 투쟁이 현대적 맥락에서 새롭게 해석되고 실천되는 모습입니다.

이러한 민주주의 실천의 현장으로 나아가는 것은, 과거 선조들의 독립운동 정신을 계승하고 미래 세대를 위한 더 나은 민주주의를 만들어가는 의미 있는 발걸음이 될 것입니다.

> *지금, 대한민국 시민의 한 사람으로서,*
> *나는 지금, 역사가 써내려가는*
> *그 자리를 향해 나아간다.*

대한민국 민주주의의 이정표

1960년대와 1980년대에 일어난 두 역사적 사건은 한국 민주주의 발전과 기본권 수호의 중대한 전환점이 되었습니다.

- **4·19혁명과 5·18민주화운동**

    ■ 4·19혁명 (1960)
    이승만 정권의 부정선거에 맞선 4·19혁명은 선거권이라는 기본적 민주주의 권리를 수호하기 위한 시민 저항이었습니다. 학생들의 시위로 시작되어 시민과 교수 등 각계각층으로 확산된 이 혁명은 결과적으로 독재 정권을 무너뜨리며 민주주의 발전의 초석을 마련했습니다.

■ 5·18민주화운동 (1980)
광주 시민들이 주도한 5·18민주화운동은 신군부 세력에 맞서 민주주의 회복을 요구한 역사적 항쟁이었습니다. 계엄군의 무력 진압과 발포로 많은 희생자가 발생했음에도 불구하고, 이 운동은 민주주의와 인권 수호를 위한 시민들의 굳건한 의지를 보여주었습니다.

이 두 사건이 주는 교훈은 명확합니다.

자유와 권리는 저절로 주어지지 않으며, 시민들의 자발적인 참여와 희생을 통해 쟁취되고 지켜진다는 것입니다. 이는 현대 한국 민주주의의 토대가 되었으며, 우리가 누리는 자유와 권리의 소중한 역사적 기반이 되었습니다.

8

4·19혁명으로 우리가 지켜낸 자유의 이야기

독재를 무너뜨린 민심의 힘: 4·19와 6·10

대한민국 민주주의의 이정표를 세운 1960년 4·19 혁명과 1987년 6·10 민주항쟁. 이는 단순한 과거의 기록이 아닌, 우리의 현재를 만든 살아있는 역사입니다. 김주열 학생의 희생으로 촉발된 시민들의 저항, 그리고 수많은 이들의 용기와 결단이 오늘날 우리가 누리는 자유와 권리의 토대를 마련했습니다. '사사오입 개헌'으로 상징되는 독재 권력의 횡포 앞에서, 시민들은 두려움 대신 저항을 선택했습니다. 그들이 지켜낸 민주주의의 가치는 이제 우리 손에 쥐어진 한 표의 무게로 이어지고 있습니다.

독재의 어둠을 밝힌 4·19 혁명, 그 날의 투쟁으로 우리가 쟁취한 자유 민주주의의 이야기를 전합니다.

4.19 혁명

1954년 이승만 정권은 권력 연장을 위한 3선 제한의 철폐를 핵심으로 헌법 개정을 시도했습니다. 당시 헌법은 대통령과 부통령의 임기를 4년으로 한정하고, 1회에 한해 중임을 허용했습니다. 임기 제한에 직면한 이승만 정부는 대통령 3선 제한 조항을 폐지하고자 했으며, 이는 민주주의의 근간을 위협하는 중대한 헌정 질서 훼손 시도였습니다.

특히 주목할 만한 것은 이른바 '사사오입 개헌' 사태입니다. 헌법 개정안은 재적의원 203명 중 136표(3분의 2)의 찬성이 필요했으나, 실제 득표수는 135표에 그쳤습니다. 이에 자유당은 203명의 3분의 2가 135.33...이므로 이를 반올림하여 135표로 간주할 수 있다는 궤변을 내세워 헌법 개정을 강행했습니다.

4·19 혁명은 단순한 정권 교체 운동이 아닌, 민주주의의 본질인 시민의 자유와 권리를 수호하기 위한 항거였습니다. 독재 정권의 위헌적 장기 집권 시도는 국민의 정치적 자유와 참정권을 심각하게 침해했으며, 이는 결과적으로 시민들의 자발적인 저항을 촉발시켰습니다. 헌법 질서를 왜곡하여 민주주의의 근간을 훼손하려 했던 이승만 정권의 시도는, 역설적으로 한국 민주주의 발전의 전환점이 되는 시민 혁명을 이끌어냈습니다.

1956년 제3대 선거에서 야권의 도전에 직면한 이승만 정권은 1960년 제4대 정·부통령 선거에서 대규모 선거 부정을 자행했습니다. 3·15 부정선거로 알려진 이 사건에서 정권은 투표 감시 체계를 무력화하고, 3인 1조 연계 투표와 투표 내용 사전 검열 등 민주주의의 기본 원칙을 심각하게 훼손했습니다. 더욱이 사전에 조작된 투표함을 배치하는 등 조직적인 선거 부정이 이루어졌습니다.

　부정선거에 대한 시민들의 저항은 마산에서 시작되어 전국으로 확산되었습니다. 특히 시위 도중 실종된 김주열 학생의 시신이 마산 앞바다에서 발견되면서 민주화 운동은 새로운 국면을 맞이했습니다. 이는 단순한 정치적 항거를 넘어 시민의 기본권과 자유를 수호하기 위한 전국적 운동으로 발전했으며, 4월 26일 이승만 대통령의 하야와 망명으로 귀결되었습니다.

　이로써 한국 현대사에서 최초로 시민의 힘으로 독재 정권을 무너뜨린 민주화의 이정표가 세워졌습니다.

- **4·19 혁명의 역사적 교훈:**
　민주주의의 수호자는 시민의 힘입니다. 김주열 학생의 희생으로 시작된 전국적 저항운동은 단합된 시민의 의지가 독재 권력도 무너뜨릴 수 있음을 입증했습니다. 이승만 정권의 '사사오입 개헌'과 3·15 부정선거는 민주주의가 얼마나 취약할 수 있는지를 보여주었고, 이는 우리에게 끊임없는 경계와 참여의 필요성을 각인시켰습니다.

우리가 오늘날 누리는 자유와 권리는 결코 저절로 얻어진 것이 아닙니다. 4·19 혁명은 시민들의 용기 있는 저항과 값진 희생을 통해 쟁취한 결실이며, 이는 현재 우리가 누리는 자유의 소중한 근간이 되었습니다. 이러한 역사적 교훈은 민주주의와 자유가 시민의 적극적인 참여와 수호 의지를 통해 지켜질 수 있다는 진리를 일깨워줍니다.

1987년 6·10 민주항쟁:
여론이 이끈 헌정 질서의 회복

1979년 12·12사태로 권력을 장악한 전두환 정권은 장기 집권을 도모했습니다. 1987년 4월, 전두환 대통령은 '시국 혼란'을 명분으로 4·13 호헌조치를 발표하여 모든 개헌 논의를 원천 봉쇄했습니다. 표면적으로는 여야 합의 시 개헌이 가능하다고 했으나, 사실상 현행 간선제 유지를 강요한 반민주적 조치였습니다.

이에 대한 저항으로 직선제 개헌과 민주화를 요구하는 시민운동이 전개되었습니다. '민주헌법쟁취국민운동본부'의 출범과 천주교정의구

현전국사제단의 박종철 고문치사 사건 진상 폭로는 민주화 운동에 결정적 전기를 마련했습니다.

결과적으로 1987년 10월, 대통령 직선제 도입과 국민 기본권 강화를 핵심으로 하는 새로운 헌법이 공포되었습니다. 여기에는 헌법재판소 설치와 지방자치제 부활 등 민주주의 제도화를 위한 핵심 조항들이 포함되어, 한국 민주주의의 새로운 장을 열었습니다.

민주주의의 값진 유산과 투표의 의미

오늘날 우리가 누리는 자유로운 투표권은 수많은 시민들의 희생으로 얻어낸 소중한 권리입니다. 한 표의 가치는 단순한 숫자를 넘어, 우리와 우리 후손의 미래를 결정짓는 강력한 힘을 지닙니다.

우리의 한 표는 4~5년간의 삶의 질과 안전, 행복을 좌우하는 중대한 선택입니다. 이는 과거 민주화 운동 과정에서 흘린 피와 땀의 결실이자, 미래 세대에 대한 우리의 책임이기도 합니다.

9
횃불이 된 민중, 역사가 된 저항: 3.1 운동과 시민의 존엄

시민의 존엄성과 민주주의의 여정

민주주의의 진정한 의미는 극한의 상황에서조차 시민 한 사람, 한 사람의 존엄성이 꽃피는 것입니다. 지난 100년의 한국 현대사는 이러한 존엄성을 되찾기 위한 치열한 여정이었습니다.

특히 1970년대의 자유적 억압 사례들은 국가 권력이 어떻게 개인의 자유와 존엄성을 침해했는지를 생생하게 보여줍니다. 긴 머리를 이유로 한 즉각적인 강제 삭발, 여성의 치마 길이를 자로 재는 황당한 풍속 단속은 당시 국가가 개인의 기본권을 얼마나 가볍게 여겼는지를 단적으로 보여주는 사례입니다.

일제 강점기부터(1910-1945) 군사독재 시기까지(1961-1987) 이어진 억압의 시대를 거치며, 시민들의 기본권은 '질서'와 '미풍양속'이라는 명목 하에 쉽게 침해되었습니다. 그러나 주목해야 할 점은, 이러한 억압이 항상 순응으로 이어지지는 않았다는 것입니다. 오히려 이 시기는 시민들이 자신의 존엄성을 지키기 위해 끊임없이 저항하고 투쟁했던 역동적인 시간이었습니다.

이제 우리는 과거를 돌아보며 깨닫습니다.
진정한 역사의 진보는 시민 개개인이 정치의 주체로 서고, 스스로의 존엄성을 인식할 때 비로소 가능하다는 것을. 이것이 바로 지난 100년 동안 우리 민중이 꾸어온 꿈이며, 앞으로도 계속되어야 할 우리의 과제입니다.

3.1 운동의 역사적 순간: 내 고향

1919년 4월 1일 깊은 밤, 경기도 화성군 수촌리의 적막을 깨고 개죽산 봉우리에서 타오른 횃불은 암흑 속의 등대처럼 민족의 의지를 밝혔습니다. 일제 헌병대의 총성이 울리는 와중에도, 산기슭을 타고 울려 퍼진 만세 소리는 결코 멈추지 않았습니다.

같은 날 경기 안성에서는 더욱 강렬한 저항의 불길이 타올랐습니다. 원곡면과 양성면의 주민들, 특히 소작 농민들은 일제의 압제에 대한 분노를 행동으로 표출했습니다. 헌병 주재소와 우체국, 면사무소를 불태우고 통신선을 절단하는 등, 일제의 통치 기반을 정면으로 무너뜨리고자 했습니다. 이 날의 시위는 그 규모와 강도가 매우 거세어 일제가 평안북도 의주, 황해도 수안의 시위와 함께 '전국 3대 폭동'으로 기록할 정도였습니다.

이는 1894년 동학농민혁명의 정신이 25년이 지난 후에도 면면히 이어져 왔음을 보여주는 증거였습니다. 마을마다 피워 올린 봉화와 횃불, 그리고 그 불빛 속에서 울려 퍼진 만세 소리는 단순한 저항을 넘어 이 땅의 주인으로서 자신들의 권리를 당당히 주장하는 민중의 목소리였습니다.

그날 밤 개죽산에서 타올랐던 봉화불은 꺼졌지만, 그 불길 속에 담긴 민중의 자주독립의 열망과 자부심은 오늘날까지 우리 역사의 중요한 이정표로 남아있습니다.

3.1 운동의 진정한 의미와 민중의 투쟁

3.1 운동은 단순히 유관순 열사와 태극기, 만세 삼창으로 상징되는 평화적 시위를 넘어, 우리 민족의 자주독립 의지가 폭발한 역사적 전환점이었습니다. 1919년 3월 말부터 4월 초, 전국 각지에서 일어난 시위는 그 열기가 최고조에 달했습니다.

하얀 옷을 입은 시민들은 다양한 방식으로 인간 존엄의 저항을 이어갔습니다. 때로는 태극기를 높이 들어 독립의 의지를 표명했고, 때로는 돌멩이와 낫, 몽둥이로 무장하여 일제 헌병대와 정면으로 맞섰습니다. 이는 단순한 시위가 아닌, 목숨을 건 결사 항전이었습니다.

특히 주목할 점은 3.1 운동이 전국적으로 확산될 수 있었던 원동력이 바로 민중들의 마음속에 깊이 뿌리내린 독립에 대한 열망이었다는 것입니다. 거리에 나서지 못한 이들조차 각자의 자리에서 일제의 명령을 거부하는 방식으로 저항의 대열에 동참했습니다.

당시 시위 현장에서 울려 퍼진 구호는 이 운동의 본질을 명확히 보여줍니다.

"지금 우리는 나라를 위하여 활동하고 있는 것이다.
국가를 위하여 이렇게 우리들은 진력하고 있는 것이다."

이는 단순한 구호가 아닌, 이 땅의 진정한 주인으로서 민중의 결연한 의지를 드러내는 선언이었습니다.

이러한 강력한 저항에 직면한 일제는 결국 폭압적인 탄압으로 대응할 수밖에 없었습니다. 개인과 공동체를 파괴하는 무자비한 폭력을 자행했지만, 이는 역설적으로 3.1 운동이 얼마나 강력한 민족운동이었는지를 증명하는 것이기도 했습니다.

3.1 운동의 역사적 의의와 그 실천적 가치

3.1 운동은 단순한 역사적 사건을 넘어, 우리 민족의 존엄성 회복을 향한 위대한 여정의 시작이었습니다. 경기도 화성 수촌리의 개죽산 봉화에서 안성의 격렬한 저항까지, 전국 각지에서 타오른 독립의 불길은 한 사람 한 사람의 가슴속에 잠자던 존엄성이 깨어난 순간이었습니다.

특히 주목할 점은 이 운동이 지식인이나 특정 계층만의 것이 아닌, 소작 농민을 포함한 모든 계층의 민중이 참여한 진정한 의미의 전 민족적 저항이었다는 것입니다. 이는 훗날 1970년대의 시민권 운동으로 이어지는 민주화 운동의 역사적 원형이 되었습니다.

우리는 지난 3.1 운동을 통해 중요한 교훈을 얻습니다. 진정한 변화는 개인의 존엄성에 대한 자각에서 시작되며, 이것이 공동체의 연대로 이어질 때 비로소 역사를 움직이는 힘이 된다는 것입니다. 횃불과 만세 소리로 표현된 당시의 저항 정신은, 오늘날 우리가 직면한 새로운 도전들 앞에서도 여전히 유효한 실천적 지표가 됩니다.

결국 3.1 운동은 우리에게 '저항은 곧 존엄'이라는 깊은 통찰을 남겼습니다. 이는 단순히 기억해야 할 과거의 사건이 아니라, 현재를 살아가는 우리 모두가 마음속에 새겨야 할 살아있는 정신이자, 미래를 향한 끊임없는 성찰의 나침반인 것입니다.

10

피로 쓴 민주주의, 책임으로 지키는 자유

인간 존엄성과 국가의 역할

현대 민주주의 사회에서 인간 존엄성은 가장 근본적인 가치로 자리 잡고 있습니다. 모든 인간은 태어나면서부터 고유한 존엄성을 지니며, 이러한 존엄성은 그 어떤 상황에서도 침해될 수 없는 절대적 가치입니다. 이를 보장하기 위해 국가는 다양한 영역에서 국민 보호의 책무를 수행하고 있습니다.

국가의 보호 기능은 전쟁과 같은 외부 위협으로부터의 안전 보장에서부터 전염병 확산 방지를 위한 공중보건 체계 운영, 그리고 경제적 안정성 확보를 위한 재정 정책 수립에 이르기까지 광범위하게 펼쳐집니다. 이러한 국가의 역할은 단순한 서비스 제공을 넘어, 인간 존엄성이 실질적으로 구현될 수 있는 사회적 토대를 마련하는 데 초점을 맞추고 있습니다.

한편, 이러한 국가의 보호와 혜택은 국민의 의무와 긴밀하게 연결되어 있습니다. 법치주의 사회에서 국민의 준법의무는 단순한 규칙 준수 이상의 의미를 지닙니다. 이는 공동체의 질서를 유지하고 모든 구성원의 권리가 조화롭게 보장되도록 하는 필수적인 사회적 약속입니다.

결과적으로, 국가의 보호의무와 국민의 준법의무는 상호 보완적 관계를 형성하며, 이러한 균형 속에서 인간의 존엄성이 실질적으로 보장될 수 있습니다. 이는 현대 민주주의 사회가 지향해야 할 이상적인 모습이며, 우리가 지속적으로 추구해야 할 가치라고 할 수 있습니다.

자유와 기본권: 헌법적 보장

자유와 권리는 민주주의 사회의 근간이며, 이는 단순한 선언이 아닌 치열한 역사적 투쟁의 결과입니다. 이러한 관점에서 몇 가지 핵심적인 사항을 살펴보겠습니다.

- **자유의 본질과 상호존중**

자유는 무제한적 권리가 아닌 책임을 수반하는 가치입니다. 개인의 자유는 타인의 자유를 존중하는 선에서 보장되어야 하며, 이는 민주사회의 근본 원칙입니다.

- **대한민국 헌법상 자유권의 체계**

　우리나라 헌법은 제2장에서 기본권을 체계적으로 보장하고 있으며, 주요 자유권은 다음과 같습니다:

- 신체의 자유 (제12조)
- 거주·이전의 자유 (제14조)
- 양심의 자유 (제19조)
- 언론·출판·집회·결사의 자유 (제21조)
- 학문과 예술의 자유 (제22조)

　특히 주목할 만한 것은 <u>헌법 제37조</u>의 내용입니다. 이 조항은 두 가지 중요한 원칙을 제시합니다:

1. 열거되지 않은 자유와 권리도 보호받습니다.
2. 자유와 권리의 제한은 필요한 경우에 한하며, 그 본질적 내용은 침해할 수 없습니다.

- 헌법 제37조 -

① 국민의 자유와 권리는 헌법에 열거되지 아니한 이유로 경시되지 아니한다.

② 국민의 모든 자유와 권리는 국가안전보장·질서유지 또는 공공복리를 위하여 필요한 경우에 한하여 법률로써 제한할 수 있으며, 제한하는 경우에도 자유와 권리의 본질적인 내용을 침해할 수 없다.

　우리나라의 자유와 권리는 4·19혁명과 5·18민주화운동과 같은 역사적 투쟁을 통해 쟁취되었습니다. 이는 자유가 저절로 주어지는 것이

아니라, 시민들의 끊임없는 노력과 희생을 통해 획득되고 지켜진다는 것을 보여줍니다.

결론적으로, 헌법이 보장하는 자유와 권리는 우리 사회의 소중한 가치이며, 이를 지키고 발전시키는 것은 현 세대의 중요한 책무입니다. 자유는 권리인 동시에 책임이며, 상호 존중을 통해 더욱 성숙한 민주 사회를 만들어갈 수 있습니다.

죽음으로 지킨 대한민국 민주주의의 자유

우리가 오늘날 누리는 자유와 권리는 수많은 시민들의 용기 있는 희생과 투쟁으로 얻어낸 소중한 결실입니다. 하지만 이러한 자유는 무제한적 권리가 아닌, 타인의 자유를 존중하는 선에서 행사되어야 하는 책임도 동반합니다.

국가는 우리의 기본권을 보호하고, 우리는 법치주의를 존중하는 상호 보완적 관계 속에서 진정한 민주주의가 꽃필 수 있습니다. 4·19혁명과 5·18민주화운동이 보여주었듯, 민주주의와 자유의 가치는 우리 모두가 함께 지키고 발전시켜 나가야 할 현재진행형의 과제입니다.

이제 우리에게 남은 것은 선조들이 물려준 이 소중한 자유와 권리를 더욱 성숙하게 발전시켜, 다음 세대에게 더 나은 민주사회를 물려주는 것입니다.

11

법 앞의 평등,
자유주의의 그늘에서 길을 찾다

차별의 경계를 넘어: 소유에서 공존의 철학으로

- 대한민국 헌법 제11조 1항 -

"모든 국민은 법 앞에 평등하다. 누구든지 성별·종교 또는 사회적 신분에 의하여 정치적·경제적·사회적·문화적 생활의 모든 영역에 있어서 차별을 받지 아니한다."

이 조항은 평등을 법적 원칙으로 천명했지만, 현실은 여전히 빈부, 성별, 지역, 세대를 가르는 차별의 경계가 뚜렷합니다. 우리는 매일같이 눈에 보이지 않는 잣대로 평가받고, 구조적 불평등에 맞서고 있습니다.

인간이 자연으로부터 배타적 소유권을 부여받았다는 주장은 근본적 모순을 품고 있습니다. 자연은 특정 개인이나 집단을 위해 존재하지 않습니다. 오히려 생명과 자원은 공유의 대상이지 착취의 도구가 되어서는 안 됩니다. 성경은 사랑과 나눔을, 동양의 경전은 인(仁)과 의(義)를 강조하며, 공동체적 가치를 설파했습니다. 어느 문명도 '무한한 사적 축재'를 미덕으로 여기지 않았습니다. 이는 인류 보편의 윤리적 합의입니다.

그러나 근대 자유주의의 이론적 기반은 이런 공리(公理)를 뒤흔들었습니다. 근대 자유주의 국가의 이론적인 토대를 마련한 영국의 사상가 토마스 홉스와 존 로크가 제시한 '자연 상태'라는 가설은 인간을 끊임없는 경쟁의 존재로 규정했고, 국가의 역할을 사적 소유권 보호로 축소시켰습니다. 이는 역사적 사실이라기보다 특정 계층의 이익을 정당화하는 담론이었습니다. 결과적으로 자유와 평등의 이념은 재산권의 방패 뒤에 가려지며, 오늘날까지도 사회적 약자의 목소리를 침묵시키는 도구로 남아 있습니다.

법전에 새겨진 평등의 약속이 현실로 구현되기까지, 우리는 자연과 인문의 가르침을 되새겨야 합니다. 차별 없는 세상은 단순한 규범이 아니라 생명과 공존의 철학 위에 세워져야 합니다. 모든 이가 인간으로서의 존엄을 누리는 사회—그것이 헌법이 꿈꾼 진정한 평등의 풍경일 것입니다.

배타적 소유권의 역사적 단절

고대와 조선의 법은 소유권이 아닌 '공존의 권리'를 설계했습니다. 고대 사회에서 개인의 물건 사용 권리는 절대적이지 않았으며, 세습 역시 무제한 허용되지 않았습니다. 특히 토지와 생산 수단은 공동체의 공유 자산으로 인식되었습니다. 개인은 자원을 활용할 수는 있으나, 이를 배타적으로 점유하거나 독점할 권한은 주어지지 않았습니다.

• 조선 법전 〈경국대전〉과 〈속대전〉이 규정한
  '경작권 중심의 토지 시스템'

조선 시대 법전은 배타적 소유권 개념을 철저히 배제했습니다. 토지 권리는 '입안(立案)' 문서로 관리되지만, 이는 단순한 사용 허가에 가까웠습니다. 예를 들어, 3년간 경작하지 않은 땅은 타인에게 양도되거나 실제 농민에게 권리가 귀속되는 규정이 존재했습니다.

이는 토지의 소유권보다 "경작의 의무와 공동체적 책임"을 우선시한 시스템이었습니다. 더욱이 조선건국 〈경국대전〉은 임야를 사유화할 경우 태형(笞刑) 80대를 가하도록 명시해 자연 자원의 공공성을 엄격히 보호했습니다.

배타적 소유권이 한반도에 등장한 시기는 서구 문명을 '개화'로 숭상하던 19세기 말과 맞물립니다. 유길준을 비롯한 개화파는 자본주의적 재산권을 문명의 기준으로 수용했습니다. "재산은 인민의 천부적 권리"라는 그의 주장은, 토지 경작권을 공유의 덕목으로 보던 조선의 전통과 극명히 대비됩니다. 이는 단순한 제도 변화가 아닌, "공동체적 가치에서 개인적 권리 중심 사회로의 패러다임 전환"을 의미했습니다.

과거의 공유정신이 던지는 오늘날의 질문

조선의 법은 소유권을 경작의 사회적 책임과 결부시켰습니다. 그러나 개화기의 소유권 혁명은 자원을 '개인의 절대적 영역'으로 재편하며, 오늘날의 부의 격차와 환경 파괴를 내재한 채 근대를 열었습니다.

역사는 묻습니다:

"과연 배타적 소유권은 문명의 진보인가, 공존의 철학을 배반한 출구 없는 길인가?"

헌법이 그린 공유의 미래와 프루동의 경고

'국가는 균형있는 국민경제의 성장 및 안정과 적정한 소득의 분배를 유지하고, 시장의 지배와 경제력의 남용을 방지하며, 경제주체간의 조화를 통한 경제의 민주화를 위하여 경제에 관한 규제와 조정을 할 수 있다.'

_헌법 제119조 2항

헌법 제23조 2항은 "재산권의 행사는 공공복리에 적합하도록 하여야 한다"고 규정합니다. 이는 개인의 소유가 사회적 책임과 분리될 수 없음을 선언한 것입니다. 동시에 제33조 1항은 근로자의 단결권·단체교섭권·단체행동권을 보장하며, 제119조 2항은 "경제주체 간 조화를 통한 경제의 민주화"를 국가의 의무로 명시합니다. 이 조항들은 재산권이 절대적 권리가 아니라 "공동체적 균형 위에서 존중되는 권리"임을 분명히 합니다.

우리의 일상은 헌법 정신이 실현되는 현장입니다. 부당한 경제력의 횡포에 휘둘리지 않으려면, 근로자의 자주적 권리 행사와 시민의 연대가 단단한 버팀목이 되어야 합니다. 공화국의 이상은 개인의 탐욕이 아닌 "소유의 공유화"를 통해 완성됩니다. 토지, 자원, 노동의 가치를 사적 이익의 대상이 아니라 공동의 삶을 지탱하는 기반으로 재정의할 때, 비로소 민주주의는 허상에서 실체로 거듭납니다.

프루동의 격랑: "소유는 도둑질이다"

19세기 프랑스의 사상가 조지프 프루동(Pierre-Joseph Proudhon, 1809~1865)은 유럽의 자연법 사상을 뒤집으며 "소유권은 사회적 계약을 파괴하는 도둑질"이라고 통찰했습니다. 그의 주장은 오늘날에도 유효합니다. 헌법이 강조하는 '공공복리'와 '경제의 민주화'는 프루동이 지적한 "소유권의 폭력성"을 견제하는 장치입니다. 자본의 무한한 축적이 개인의 자유라면, 왜 노동자의 단체행동권은 여전히 투쟁의 대상일까요? 이는 재산권 담론이 권력 구조의 편향성을 반영하고 있음을 방증합니다.

공유의 헌법을 현실로 그리는 법

헌법은 재산권을 '공공복리'의 테두리 안에 가둠으로써, 자본주의의 야만적 충돌에 사회적 안전판을 설치했습니다. 그러나 법문이 살아 움직이려면 시민의 각성이 필요합니다. 프루동이 외쳤듯, 진정한 경제 민주화는 소유의 독점을 거부하는 데서 시작됩니다.

오늘 우리가 나눔과 연대의 경계를 넓힐 때, 헌법 제119조가 꿈꾼 "균형있는 경제"는 비로소 현실의 땅에 뿌리내릴 것입니다.

"재산권이 공공복리의 이름으로 스스로를 규율할 때, 비로소 자유는 평등과 하나가 된다."
_헌법 제23조 1,2,3항

12

이소노미아: 민주주의의 근본을 말하다

모든 국민은 법 앞에 평등하다.
누구든지 성별·종교 또는 사회적 신분에 의하여 정치적·경제적·사회적·문화적
생활의 모든 영역에 있어서 차별을 받지 아니한다.
_대한민국 헌법 제11조

민주주의의 근본

 민주주의의 본질을 묻는다면 많은 사람들은 '국민이 주인이 되는 나라'라고 말합니다. 하지만 저의 대답은 조금 다릅니다. 민주주의의 핵심은 '법 앞의 평등(이소노미아:Isonomia)'입니다. 즉 대통령부터 평범한 시민까지, 모든 이가 법 앞에서는 평등하다는 원칙입니다. 그리스어 '이소노미아'는 권리의 평등을 뜻합니다. 민주주의와 거의 같은

말로 통용돼 왔습니다.

이 '이소노미아(isonomia)' 원칙은 고대 그리스 아테네에서 시작되었습니다. 민주주의의 아버지 클레이스테네스(Cleisthenes)는 '이소노미아'라는 개념을 통해 모든 시민이 동등한 정치적 권리의 평등을 가져야 한다고 주장했습니다. 실제로 아테네의 역사가 투키디데스(기원전 465~400)는 "우리의 정치 체제는 모든 인민에게 권력이 있고, 법 앞에서 모든 사람이 평등하기에 민주정이라 불립니다"라고 기록했습니다.

이 원칙의 중요성은 고대 페르시아의 이야기에서도 찾아볼 수 있습니다. 소크라테스의 제자 크세노폰(기원전 428~354)이 쓴 〈카이로파이다이아(Cyropaedia)〉 책에는 흥미로운 '키루스의 옷' 일화가 나옵니다. 어린 왕자 키루스가 옷의 크기에 따라 소유권을 재분배하려 했을 때, 그의 스승은 "옷이 잘 맞는지가 아니라, 누구의 것인지가 중요하다"고 가르쳤습니다. 이는 개인의 판단이나 편의가 아닌, 법의 원칙이 우선되어야 함을 보여주는 이야기입니다.

"덩치 큰 소년이 자신에게는 작은 옷을, 작은 체구의 소년은 큰 옷을 가지고 있었습니다. 덩치 큰 소년은 작은 소년의 큰 옷을 빼앗아 입고, 자신의 작은 옷을 그 소년에게 입혔습니다. 이런 상황에서 어떤 판결을 내려야 하느냐는 질문을 받은 어린 키루스는 이렇게 대답했습니다. '이제 두 사람 모두 자신의 몸에 딱 맞는 옷을 입게 되었으니, 모두에

게 좋은 일이 되었습니다.'

하지만 키루스의 선생님은 이러한 판단이 잘못되었다고 지적합니다. 옷이 몸에 잘 맞는지 여부는 중요하지 않으며, 진정한 판단 기준은 '누가 그 옷의 진정한 주인인가'라는 것입니다. 선생님은 키루스에게 '편의나 실용성이 아닌, 법과 정의에 따르는 것이 올바른 길'이라고 가르쳤습니다."

이 짧은 일화는 법치주의의 본질을 명쾌하게 보여줍니다. 당장의 편리함이나 실용성보다 중요한 것은 법과 정의의 원칙을 지키는 것이라는 교훈을 전합니다.

흥미로운 점은 '이소노미아(법 앞의 평등)'라는 개념이 '데모크라시(국민의 통치)'보다 먼저 등장했다는 사실입니다. 이는 민주주의의 근간이 단순히 다수의 지배가 아닌, 법치주의에 있음을 보여줍니다.

오늘날에도 이 원칙은 여전히 유효합니다. 진정한 민주주의는 국민의 참여와 더불어, 모든 이가 예외 없이 법 앞에 평등하다는 대원칙이 지켜질 때 비로소 실현될 수 있습니다. 이것이 바로 2500년 전 그리스인들이 우리에게 남긴 민주주의의 위대한 유산입니다.

그리스의 민주정치

민주주의(民主主義)란 무엇일까요?
말 그대로 국민이 주인 되는 정치 체제입니다.

민주주의(democracy)는 고대 그리스인들의 창조물입니다. '정치'라는 단어 자체가 그리스어 '폴리스(polis)'에서 유래했다는 사실은, 그들의 영향력을 단적으로 보여줍니다. 역사 속에서 수많은 통치 형태가 등장했지만, 그리스인들은 특별했습니다. 그들은 모든 시민이 한 자리에 모여 토론하고 다수결로 의사를 결정하는, 전에 없던 혁신적인 정치 체제를 고안해냈기 때문입니다.

이러한 민주주의 도시 국가들 중에서도 아테네는 단연 돋보였습니다. 비록 몇 차례의 단절기가 있었지만, 170년이라는 긴 세월 동안 민주주의의 불꽃을 지켜냈습니다. 이는 단순한 정치 실험을 넘어, 인류가 추구해야 할 이상적인 정치 체제의 방향을 제시한 귀중한 역사적 경험이었습니다.

고대 아테네의 민주정치는 인류 역사상 가장 획기적인 정치 혁신 중 하나였습니다. 기원전 510년, 50년간의 폭정이 막을 내린 아테네는 중대한 전환점을 맞이했습니다. 부유층과 서민층 간의 갈등이 도시를 뒤흔들던 그때, 새로운 희망의 불씨가 피어오르고 있었습니다.

이 혼란의 시기에 등장한 클레이스테네스(Cleisthenes)는 '민주주의의 아버지'라는 위대한 유산을 남깁니다. 그의 개혁은 단순한 제도 변화를 넘어 정치 참여의 새로운 장을 열었습니다. 특히 아테네의 마을들을 10개 부족으로 재편성한 그의 혁신적인 구상은, 시민 참여 민주주의의 견고한 토대가 되었습니다. 시민들은 추첨을 통해 공직자가 되고, 배심원으로 봉사하며, 의회의 의제를 직접 설정하는 등 도시 운영의 주체로 거듭났습니다.

'데모크라티아(demokratia)'라는 용어에서 비롯된 민주주의는 '인민(demos)'과 '권력(kratos)'의 결합이라는 어원이 시사하듯, 진정한 시민의 통치를 의미했습니다. 특히 '이소노미아(isonomia)'라는 개념은 '법 앞의 평등'이라는 근본 가치를 담아냄으로써, 현대 민주주의의 핵심 원칙을 이미 내포하고 있었습니다.

오늘날 우리가 그리스 민주주의를 이야기할 때 주로 아테네의 사례를 언급하는 것은, 단순히 그들만이 민주적 통치를 실현했기 때문이 아닙니다. 아테네는 당대 가장 영향력 있는 도시국가였을 뿐 아니라, 풍부한 역사적 기록을 통해 그들의 민주주의 실험을 상세히 들여다볼 수 있는 창을 우리에게 제공하고 있습니다. 그들의 혁신적인 시도는 2500년이 지난 지금까지도 민주주의의 본질과 가치를 되새기게 하는 귀중한 유산으로 남아있습니다.

클레이스테네스(Cleisthenes)와
아테네 민주주의의 탄생

　기원전 566년, 아테네 정치사의 가장 혁신적인 인물이 태어났습니다. 클레이스테네스(Cleisthenes B.C 566~493)는 기원전 525년 아테네의 수석 아르콘(최고 행정관)을 지낸 후, 기원전 508년 아테네 민주주의의 기틀을 마련한 위대한 개혁가로 역사에 이름을 남깁니다.

　그의 가장 획기적인 업적은 아테네의 정치 구조를 완전히 재편한 것입니다. 기존의 혈연과 지역에 기반한 4개 부족 체제를 과감히 폐지하고, 지리적 위치에 따른 10개의 새로운 부족 체제를 도입했습니다. 각 부족은 해안, 도시, 내륙 지역의 인구를 균형 있게 포함하도록 설계되어, 특정 계층이나 지역의 이해관계가 정치를 좌우하는 것을 방지했습니다.

　클레이스테네스의 민주주의 개혁은 세 가지 핵심 제도로 구체화됩니다. 첫째, 아테네를 139개의 '데모스'(행정구역)로 나누어 지방자치를 강화하고 시민의식을 고취했습니다. 둘째, 각 부족에서 50명씩 선출된 '500인 평의회'를 설립하여 민회의 의제 설정과 행정을 담당하게 했습니다. 셋째, 도편추방제를 도입하여 민주주의를 위협할 수 있는 독재 지향적 정치인을 합법적으로 추방할 수 있게 했습니다.

　이러한 개혁의 근간에는 '이소노미아'(isonomia:법 앞의 평등)라는 혁신적 원칙이 자리 잡고 있었습니다. 클레이스테네스는 출신이나 재산에 관계없이 모든 시민에게 동등한 정치 참여의 기회를 보장함으로써, 진정한 의미의 시민 자치를 실현했습니다. 그의 개혁은 이후 페리클레스 시대(기원전 461~429년) 아테네 민주주의의 황금기를 이끌어내는 토대가 되었으며, 현대 민주주의의 기본 원리를 이해하는 데 여전히 중요한 통찰을 제공하고 있습니다.

참고로 고대 그리스 아테네의 정치가 페리클레스(Pericles, 기원전 495~429년)는 아테네의 민주적 제도를 강화하고 시민들의 참여를 확대하며, 아테네를 정치적, 군사적 강국으로 발전시켰습니다.

법 앞의 평등과 민주주의의 교훈

민주주의의 핵심은 '법 앞의 평등(이소노미아)'에 있습니다. 2500년 전 그리스 아테네에서 시작된 이 원칙은 클레이스테네스의 개혁을 통해 구체화되었고, 현대 민주주의의 근간이 되었습니다. 특히 크세노폰이 전한 '키루스의 옷' 일화는 당장의 편의나 실용성보다 법치주의 원칙이 우선되어야 함을 깊이 있게 보여줍니다.

이는 오늘날 우리 헌법 제11조가 "모든 국민은 법 앞에 평등하다"고 선언하는 근본 정신이기도 합니다. 진정한 민주주의는 다수의 지배가 아닌, 모든 구성원이 예외 없이 법 앞에 평등할 때 비로소 실현될 수 있습니다. 이것이 우리가 고대 그리스 민주주의로부터 배워야 할 가장 중요한 교훈입니다.

2부

근대 자유주의의 시작

사회윤리의 직접적 연구 대상인
집단의식의 분석과 제도의 개선은
지난한 작업이다.

그러나 이는
사회가 파국에 이르는 것을 막는
거의 유일한 가능성을 제시한다.

무능하고 부패한 사회 자체가
무능하고 부패한 지도자를 낳기 때문이다.

1
고대 그리스 정치철학의 지혜

피터 브뤼겔(Bruegel the Elder, Pieter, 1525~1569)의 〈소경이 소경을 인도한다〉
1568년, 캔버스 위에 유채, 86x156cm, 나폴리 카포 디 몬테 국립미술관

네덜란드 화가 브뤼겔의 작품 "소경이 소경을 인도한다"는 이러한 사회적 위기를 상징적으로 표현합니다. 영적 진실을 보지 못하면서도 타인을 인도하는 지도자들의 모순, 무비판적으로 따르는 사람들의 비극을 통해 공동체의 맹목적 믿음이 초래하는 결과를 경고합니다. 이는 정치철학에서 지혜의 중요성을 일깨우는 강력한 메타포입니다.

눈먼 무리 속에 숨어 이득을 취하는 위선적인 모습, 십자가를 목에 걸고도 무비판적으로 타인을 따라 결국 파멸의 길로 향하는 사람들의 비극을 섬세하게 묘사하고 있습니다.

이 작품은 단순한 풍경화가 아닌, 인간의 맹목적 믿음과 그 결과에 대한 깊은 성찰을 불러일으킵니다.

정치적 동물로서의 인간

아리스토텔레스는 우리에게 흥미로운 관점을 제시합니다. "인간은 본성적으로 국가를 이루고 살아가는 정치적 동물"이라는 그의 유명한 명언은 오늘날 "인간은 사회적 동물(zoon politikon)"이라는 표현으로 더 널리 알려져 있지만, 본질은 같습니다. 그는 인간이 공동체 안에서만 온전해질 수 있다고 보았습니다.

외모로만 보면 아리스토텔레스는 가자미 눈에 대머리였고, 말을 더듬었으며, 패션 감각도 별로였다고 합니다.

그러나 그의 이름 'Aristoteles'는 '가장 좋은 목표'라는 뜻으로, 초라한 외모와는 달리 그는 내면의 아름다움과 지혜를 추구한 진정한 선구자였습니다.

아리스토텔레스
(기원전 384년~322년)

'폴리티케'의 진정한 의미

'폴리티케(politike)'라는 단어를 단순히 '정치적'으로 번역하는 것은 그 깊은 의미를 축소시킵니다. 이 단어는 '시민'을 뜻하는 '폴리테스(polites)'에서 파생되어 '시민과 관련된'이라는 의미를 담고 있습니다. 아리스토텔레스가 말하는 국가는 단순한 정치 공동체가 아니라, 서로 대등한 자유민인 시민들이 자급자족을 위해 조직한 경제·생활 공동체이기도 합니다.

그의 관점에서 국가를 다스리는 정치가는 사유물처럼 왕국을 다스리는 왕과는 근본적으로 다릅니다. 국정에 참여하는 모든 사람을 가리키는 '아르콘(ἄρχων)'은 시민들과 함께 국가를 운영해나가는 역할을 맡습니다.

플라톤과의 차이점

아리스토텔레스는 스승 플라톤의 이상 국가론에 반기를 들었습니다. 플라톤이 추상적인 이상을 추구했다면, 아리스토텔레스는 현실에 기반한 실용적인 정치철학을 발전시켰습니다. 그는 158개에 달하는 당대 도시국가들의 정치 구조를 체계적으로 분석하고, 방대한 자료를 바탕으로 국가와 정치체제의 본질을 탐구했습니다.

그의 정치 사상은 『니코마코스 윤리학』에서 정립한 인간관과 윤리관에 기초합니다. 국가를 개인의 행복 실현을 위한 "최고의 공동체"로 보고, 정의로운 시민들의 덕성 함양이 정치의 궁극적 목표임을 강조했습니다.

솔론: 아테네 민주주의의 기초를 닦은 개혁가

고대 아테네의 정치가이자 시인이었던 솔론(BC 640-560)은 그리스의 일곱 현인 중 한 명으로 꼽히는 인물로 아테네가 정치, 경제, 도덕적으로 쇠퇴하는 시기인 기원전 594년, 시민들의 합의로 정치 개혁을 위한 집행 조정자로 선출되었습니다. 솔론은 극심한 빈부 격차로 인한 사회 불안을 해소하기 위해 혁신적인 개혁을 단행했습니다.

솔론 (기원전 638-558년경)

- 빚으로 노예가 된 시민들을 해방시켰습니다.
- 과도한 부채를 탕감해주었습니다.
- 잃어버린 토지를 되찾아주었습니다.
- 가혹한 법을 폐지했습니다.

그의 가장 혁명적인 개혁은 정치 참여 자격 기준을 혈통에서 재산으로 바꾼 것이었습니다. 토지 생산물의 양에 따라 시민을 4등급으로 나누고, 각 등급에 맞는 참정권과 군사적 의무를 부여 했습니다.

이로써 귀족뿐만 아니라 성공한 상인들에게도 권력에 접근할 기회를 열어주었습니다. 그의 개혁은 단기적으로는 성공하지 못했으나, 장기적으로 아테네 민주정치의 기반을 마련했다는 중요한 역사적 의의를 지닙니다.

국가의 존재 이유

국가는 궁극적으로 구성원인 국민의 생명과 인권을 보호하기 위해 존재합니다. 영토, 국민, 주권이라는 국가의 3요소를 통해 인간의 존엄, 자유, 평등, 민주주의, 인권 존중이라는 보편적 가치를 실현하는 것이 국가의 본질적 목적입니다.

고대 그리스의 아리스토텔레스와 솔론의 지혜는 오늘날에도 여전히 유효합니다. 시민들이 모여 현명한 결정을 내리고, 함께 공동체를 발전시켜 나가는 것—그것이 바로 진정한 '폴리티케(politike)'의 정신일 것입니다.

그런가 하면, 토마스 홉스(Thomas Hobbes, 1588~1679)는 국가철학의 본질적 질문으로 논의를 전개합니다.

"<u>우리가 제도화된 평화 질서, 즉 국가를 필요로 하는 근본적 이유와 그 형태는 무엇인가?</u>"

토마스 홉스 (1588~1679)

이러한 물음을 통해 그는 정치철학의 핵심을 탐구합니다. 그는 잉글랜드 왕국의 정치철학자이자 최초의 민주적 사회계약론자입니다. 서구 근대정치철학의 토대를 마련한 책 《리바이어던》(1651)의 저자로 유명합니다.

홉스의 관점은 아리스토텔레스의 전통적 사상과 대조를 이룹니다. 아리스토텔레스는 인간을 본질적으로 사회적 존재로 보았습니다. 그에 따르면, 인간은 생물학적, 심리학적 본능에 의해 자연스럽게 공동체 속에서 타인과 함께 살아가도록 설계된 이성적 존재입니다. 반면 홉스는 이러한 '자연적 사회성'에 의문을 제기하며, 국가 형성의 다른 동기와 필요성을 제시합니다.

이 철학적 대비는 단순한 학문적 논쟁을 넘어, 우리가 사회와 국가의 역할을 어떻게 이해하고 정의하는지에 관한 근본적인 시각 차이를 보여줍니다.

결론: 우리가 외면한 그리스 철학의 충격적 진실

아리스토텔레스와 고대 그리스 정치철학의 지혜는 오늘날의 우리 사회에도 여전히 중요한 가르침을 남깁니다:

1. 진정한 정치란 시민들이 함께 참여하고 숙의하는 공동체적 활동임을 인식해야 합니다.

2. 국가는 구성원의 행복과 덕성 함양을 위한 최고의 공동체로, 물질적 풍요를 넘어 정신적 성숙을 추구해야 합니다.

3. 권력은 특권층의 전유물이 아닌, 시민 모두의 참여와 책임 속에서 행사되어야 합니다.

4. 사회 구성원들이 비판적 사고와 공적 토론을 통해 지혜를 모아갈 때 국가는 진정한 번영을 이룰 수 있습니다.

5. 정의와 평등의 가치를 바탕으로 한 제도 개혁은 사회적 갈등을 해소하고 공동체의 지속 가능한 발전을 가능케 합니다.

이러한 고대 그리스 정치철학의 원리들을 현대 사회에도 적용함으로써, 우리는 더 건강하고 지혜로운 정치 공동체를 구축해 나갈 수 있을 것입니다.

2

17세기 영국의 변혁과 홉스의 정치철학

리바이어던: 두려움이 만든 절대 권력의 탄생

17세기 영국은 전통적 왕권과 새로운 의회 민주주의 사이의 역사적 충돌이 일어난 변혁의 시대였습니다. 왕당파와 의회파의 극단적 대립은 단순한 정치적 갈등을 넘어, 중세적 절대주의에서 근대적 자유주의로 이행하는 사상사적 전환점을 상징했습니다.

특히 이 시기는 봉건적 질서와 왕권신수설로 대변되는 전통 체제가 흔들리며, 개인의 자유와 권리, 의회 중심의 정치 체제를 지향하는 새로운 정치사상이 태동하던 시기였습니다. 이러한 정치적·사상적 격변은 존 로크를 비롯한 계몽사상가들의 자유주의 철학을 탄생시키는 토양이 되었고, 이후 근대 민주주의의 이론적 기반을 마련하는 계기가 되었습니다.

토마스 홉스(Thomas Hobbes, 1588-1679)는 근대 정치철학의 기틀을 마련한 영국의 사상가입니다. 그의 대표작 《리바이어던(Leviathan)》(1651)은 인간 본성과 국가 권력의 정당성에 대한 혁신적 통찰을 제시했습니다. 그의 《리바이어던》은 국가가 없는 자연 상태에서 사람들은 서로를 위협하고 두려워하며 살아갑니다. "만인의 만인에 대한 전쟁" 상태라고 할 수 있죠. 이런 불안한 상태를 벗어나기 위해, 사람들은 자신의 권리를 한 명의 강력한 통치자에게 맡기기로 합의합니다. 이것이 바로 '사회계약'입니다.

> **《리바이어던(Leviathan)》**
> '리바이어던'은 고대 셈족 신화에 등장하는 거대한 바다 괴물의 이름입니다. 구약성경의 욥기에도 등장하는 이 존재는 압도적인 힘과 크기를 가진 존재로 묘사됩니다. 홉스가 자신의 저서에서 이 이름을 선택한 이유는 매우 상징적입니다. 그는 국가의 절대적 권력을 이 거대 괴물에 비유했습니다. 마치 리바이어던이 바다를 지배하듯이, 국가는 사회를 지배하는 압도적인 힘을 가진 존재라는 것입니다.

이렇게 탄생한 강력한 통치자(리바이어던)는 사람들의 생명과 재산을 보호하고, 사람들은 그 대가로 통치자에게 복종합니다.

결국 《리바이어던》의 핵심 주장은 간단합니다. "평화롭고 안전한 삶을 위해서는 강력한 통치자가 필요하다"는 것이죠.

홉스는 인간의 심리를 쾌락 추구와 고통 회피라는 두 가지 근본적 동기로 분석했습니다. 이러한 심리학적 통찰은 고대 그리스 철학자들로부터 이어져 온 전통을 계승하면서도, 동시대인 데카르트의 연구와 맥을 같이 했습니다. 특히 그의 인간 본성에 대한 탐구는 후대 제레미 벤담의 공리주의 철학과 합리주의 경제학의 이론적 토대가 되었고, 나아가 20세기 행동주의 심리학 교수 손다이크와 헐(C. Hull)의 학습이론에까지 영향을 미쳤습니다.

이러한 인간 본성에 대한 이해를 바탕으로, 홉스는 자연 상태를 "만인의 만인에 대한 투쟁" 상태로 규정하고, 이를 극복하기 위한 방안으로 사회계약론을 제시했습니다. 강력한 주권체인 '리바이어던'의 필요성을 역설한 그의 주장은, 스페인 무적함대의 침공과 영국 내전이라는 격변을 겪은 그의 시대적 경험을 반영합니다.

홉스의 정치철학은 오늘날에도 국가 권력의 본질과 정당성, 그리고 사회 질서 유지를 위한 정치적 권위의 필요성을 이해하는 데 중요한 통찰을 제공합니다.

억센 민중의 존엄함

인간 존엄성(人間尊嚴性, Human Dignity)의 역사적 전개 과정에서 한국의 근대는 특별한 의미를 지닙니다. 조선 후기까지 이어진 신분제 사회에서 존엄성은 혈통이라는 우연한 조건에 의해 규정되었으나, 19

세기를 지나며 보편적 인권 개념으로 확장되는 극적인 전환을 맞이했습니다.

존엄(尊嚴, dignity)이란 인간 고유의 가치와 권리를 의미하며, 모든 인간이 태생적으로 지니는 불가침의 가치를 일컫습니다. 이러한 존엄성 개념은 한국의 근대화 과정에서 민중운동을 통해 구체적으로 표출되었습니다.

1894년 동학농민혁명은 단순한 민란을 넘어 민중의 존엄성 자각이 집단적으로 표출된 역사적 변곡점이었습니다. 이는 피지배층이 처음으로 자신들을 역사의 주체로 인식하고 실천한 혁명적 사건이었습니다. 이러한 자각은 1919년 3.1운동으로 이어져 더욱 성숙한 형태로 발현되었습니다.

특히 3.1운동 당시 한 수레꾼의 일화는 당시 민중의 존엄의식을 상징적으로 보여줍니다. *"어찌하여 너만 만세를 부르지 않는가. 나는 비록 미천한 수레꾼이지만 그래도 사람이다. 차라리 개, 돼지를 태울지언정 너와 같은 무리는 태울 수 없다."* 라는 그의 선언은 신분과 계급을 초월한 인간 존엄성에 대한 자각을 웅변합니다.

그러나 이처럼 강렬했던 민중의 존엄의식과 자부심은 현대 한국사회에서 점차 희미해지는 듯합니다. 물질적 풍요 속에서 우리는 어쩌면 선조들이 목숨을 걸고 지켜낸 존엄성의 가치를 잃어가고 있는지도 모릅니다. 이는 현대 한국사회가 깊이 성찰해야 할 과제일 것입니다.

근대 자유주의의 시작

17세기 영국의 변혁은 절대주의에서 자유주의로의 사상적 전환을 이루며, 홉스는 이를 바탕으로 사회계약론과 강력한 통치자의 필요성을 주장했습니다. 그는 인간 본성을 쾌락 추구와 고통 회피로 분석하며, '만인의 만인에 대한 투쟁' 상태를 극복하기 위한 국가의 역할을 강조했습니다.

이러한 정치철학은 현대에도 국가 권력과 질서 유지의 정당성을 이해하는 데 중요한 통찰을 제공합니다.

한편, 한국의 근대화 과정에서는 민중운동을 통해 인간 존엄성의 가치가 강조되었으며, 이는 3.1운동과 같은 역사적 사건으로 이어졌습니다. 그러나 오늘날 물질적 풍요 속에서 이러한 존엄의 가치는 점차 희미해지는 경향이 있습니다. 현대 사회는 선조들이 목숨으로 지켜낸 인간 존엄의 의미를 되새기고 이를 사회적 가치로 재확립해야 할 필요가 있습니다.

3
자유와 평등은 인간의 기본권

평등 없이 자유 없다: 루소의 혁명적 계약론

장 자크 루소의 〈사회계약론〉은 정치철학의 근본적인 질문을 다루는 혁신적인 저작입니다. 이 책에서 루소는 '시민'의 개념을 핵심에 두고, 민주주의의 근본 원리인 자유와 평등에 대한 본질적 의미를 탐구합니다.

루소는 책의 제목부터 그의 철학적 접근을 드러냅니다. 원제 "사회계약론 또는 정치적 권리의 여러 원리"는 그의 사상의 깊이를 보여줍니다. 특히 "제네바 시민 장 자크 루소가 씀"이라는 언급은 그가 지역과 시민의식을 얼마나 중요하게 여겼는지 보여줍니다.

핵심 메시지는 명확합니다:

국가의 권력은 국민으로부터 비롯되며, 위정자는 국민의 권리를 존중해야 합니다. 루소는 법을 통해 정치권력을 견제하고, 평등을 기반으로 자유를 보장하는 민주주의의 청사진을 제시했습니다.

이 책의 중요성은 〈뉴스위드〉가 세계 최고의 책 50권 중 하나로 선정한 사실에서도 잘 드러납니다. 루소의 사상은 오늘날에도 여전히 정치와 사회를 이해하는 중요한 관점을 제공합니다.

현대 민주주의의 근간이 되는 이 저작은 시민의 권리, 정치적 평등, 그리고 자유에 대한 근본적인 성찰을 담고 있어 여전히 깊은 통찰력을 제공합니다.

자유의 전제조건 '평등'

루소는 이 책의 서두에서 로마의 시인 베르길리우스의 서사시 아이네이스 11권의 한 장면을 인용합니다.

"자, 우리, 공평한 조약을 맺자고 제안합시다."

이 문장은 라티움의 왕 라티누스가 트로이아의 영웅 아이네이아스와 조약을 맺어 전쟁을 끝내려는 장면입니다. 루소가 이 '조약'의 개념을 인용한 이유는 명확합니다. 시민이 주도하는 민주적 공동체는 '사회계약'에서 시작된다는 점을 강조하기 위해서입니다.

루소는 말합니다.

"사회질서는 다른 모든 권리의 근간이 되는 신성한 권리이지만, 그 권리는 자연에서 유래하는 것이 아니라 계약에 기초하고 있다."

이처럼 계약의 의미를 이해하는 것은 민주주의를 이해하는 것과 같습니다. 루소에게 있어 '계약'은 공동체의 질서와 민주적 가치의 근원이며, 이를 통해 개인과 사회는 함께 공존할 수 있습니다.

자유와 평등 또한 루소 사상의 핵심입니다. 그는 자유와 평등이 인간에게 본래부터 주어진 권리라고 주장합니다. 인간은 누구나 자유롭게 태어났으며, 이 자유를 온전히 누리기 위해서는 만인의 평등이 전제되어야 합니다. 누구나 평등하기 때문에 누구나 자유를 누릴 수 있다는 것이 루소의 사상입니다.

따라서 루소에게 있어 '계약'은 단순한 약속이 아니라, 자유롭고 평등한 공동체를 이루기 위한 필수적인 토대입니다.

그의 사상은 우리에게 묻고 있습니다.

"자유와 평등을 실현하기 위해 우리는 어떤 계약을 맺어야 하는가?"

인간의 본질적 권리 '자유'

자유는 인간이 태어날 때부터 자연스럽게 부여받은 자연권입니다. 루소에 따르면, 모든 인간은 예외 없이 존엄한 존재이기에 자유와 평등의 권리를 누릴 자격이 있습니다. 하지만 현실에서 많은 사람들이 불평등과 부자유를 경험하고 있습니다. 루소의 〈사회계약론〉은 이러한 상황에 놓인 이들에게 자유와 평등이라는 자연권을 되찾는 길을 열어주고 있습니다.

〈사회계약론〉은 인류 사회 깊숙이 자리 잡은 불평등의 뿌리를 뽑아내고, 보다 정의롭고 자유로운 공동체를 구축할 수 있는 개혁의 방법을 제시합니다. 루소는 이렇게 선언합니다.

"인간은 자유인으로 태어났으나 어디서나 쇠사슬에 얽매여 있다. 인간은 본래 자유로운 존재이므로 국민이 자유를 회복하는 것은 정당하며, 이를 빼앗는 것은 부당하다. 인간의 자유를 제한하는 사회 질서는 자연권이 아니라 계약에 의해 성립된 것이다."
_사회계약론 제1부 1장, 총론

이 문장에서 루소는 명확하게 주장합니다. 자유는 인간의 본질적 권리이며, 이를 박탈하는 사회 질서는 정당화될 수 없다는 것입니다.

결국, 루소의 〈사회계약론〉은 자유롭고 평등한 사회를 실현하기 위한 근본적 혁신의 원칙을 담고 있습니다.

  우리 모두가 누려야 할 자유와 평등은 하늘이 내린 권리입니다. 루소의 사상은 여전히 오늘날 우리에게 묻고 있습니다. 자연권을 회복하기 위해, 우리는 어떤 사회적 계약을 맺고 살아야 할 것인가?

  그렇습니다. 자유는 인간 본성의 결과이며, 누구나 자유를 가진 채 태어납니다. 이 자유의 주인은 타인이 아닌, 바로 그 자유를 갖고 태어난 인간 '자신'입니다.

  따라서 자유는 그 어떤 이유로도 빼앗길 수 없고, 빼앗겨서도 안 되는 신성한 권리입니다. 자유는 단순한 선택의 문제가 아니라, 인간 존재의 본질이자 근본입니다. 이 자유를 온전히 누릴 때 비로소 인간은 자신의 존엄과 가치를 실현할 수 있습니다.

  결국 자유를 지키는 일은 인간다움을 지키는 일이며, 이를 침해하는 것은 인간 존재 자체를 부정하는 것과 같습니다. 자유의 회복과 수호는 시대를 초월한 우리의 책임이자 사명입니다.

4

국민의 주권이
국가를 움직인다

당신은 국민인가, 피통치자인가:
루소가 경고한 민주주의의 배신

르네상스 이후 인류는 세 가지 큰 해방을 이루었습니다. 사회적 인습과 종교적 권위로부터의 해방, 과학기술 발전을 통한 미신과 질병으로부터의 해방, 그리고 자본주의를 통한 경제적 속박으로부터의 해방입니다.

하지만 이러한 외형적 자유에도 불구하고, 현대인들은 오히려 자유를 포기하고 권위에 의존하려는 경향을 보입니다. 스스로 사고하고 결정하기보다는 타인의 판단과 결정에 기대려 하며, 이는 결국 또 다른 형태의 구속을 자초하는 것이라 할 수 있습니다.

인간의 존엄성과 자유에 대한 심오한 통찰을 담고 있는 독일계 미국인으로 사회심리학자이면서 『사랑의 기술』로 잘 알려진 베스트 셀러 작가 에리히 프롬의 관점은 정치적 복종의 위험성을 날카롭게 폭로합니다. 프롬은 자신의 저서 『자유로부터의 도피』(1941)에서 맹목적 복종의 가장 극단적인 역사적 사례로 나치 독일과 스탈린 소련의 국민들을 지목합니다. '자동인형'이라는 충격적인 개념은 개인이 스스로의 이성과 판단을 포기하고 전체주의적 권력에 무조건적으로 굴복하는 비참한 상황을 은유적으로 표현합니다.

이 개념은 단순한 비판을 넘어, 인간의 자유의지와 주체성에 대한 근본적인 철학적 질문을 제기합니다. 왜 수많은 개인들은 자신의 존엄성을 스스로 포기하고 맹목적인 복종의 길을 선택하는 것일까요?

프롬은 이러한 현상의 심리적, 사회적 메커니즘을 탐구하며 인간 존재의 가장 근본적인 딜레마를 드러냅니다.

자유는 때로는 두렵고 불안한 책임일 수 있습니다. 그러나 그 자유를 포기하는 순간, 우리는 단순한 기계적 존재, 즉 프롬이 말하는 '자동인형'으로 전락하고 맙니다. 이는 민주주의의 가장 근본적인 위협이자, 인간성의 본질적 상실을 의미합니다.

국가를 만든 목적은 무엇일까?

국가의 궁극적 존재 이유는 인간의 근본적인 권리인 자유, 평등, 안전, 그리고 공동의 이익을 보장하는 데 있습니다. 루소의 사회계약론은 이 원칙을 가장 명확하게 천명한 정치철학적 통찰로 평가받고 있습니다.

민주주의의 핵심 원리는 주권이 국민에게 있다는 것입니다. 국가는 국민에 의해, 국민을 위해 만들어진 공동체입니다. 모든 정치적 권력과 권리의 근원은 국민 개개인의 의지이며, 이는 전체 의사(general will)로 결집됩니다.

국가 형성의 본질적 목적은 단순한 통치 체제의 수립이 아니라, 개인의 자연적 권리를 보호하고 증진하는 메커니즘을 만드는 것입니다. 국민들은 자발적 사회계약을 통해 개인의 제한된 자유를 양도하는 대신, 더욱 포괄적이고 보편적인 자유와 평등을 획득하고자 합니다.

따라서 국가는 그 존재 자체로 국민의 신성한 권리를 보장해야 할 도덕적, 법적 의무를 지닙니다. 국가의 정당성은 국민의 기본권을 얼마나 충실히 보호하고 실현하는가에 달려 있습니다. 자유, 평등, 안전은 단순한 추상적 개념이 아니라 국가가 반드시 실현해야 할 구체적인 책무입니다. 이러한 관점에서 국가는 국민의 의지를 구현하는 살아있는 사회적 계약으로 이해되어야 합니다. 국민의 권리를 보장하고, 공동의 이익을 추구하며, 모든 구성원의 존엄성을 존중하는 것이 바로 국가의 진정한 존재 이유인 것입니다.

국가의 존재 이유

국가의 존재 이유는 전적으로 국민의 기대와 바람을 실현하는 데 있습니다. 이는 국민이 국가를 위해 존재하는 것이 아니라, 국가가 국민을 위해 존재한다는 근본적인 민주주의 원칙을 의미합니다. 따라서 국가의 번영을 위해 국민이 희생해야 한다는 논리는 과거 독재자들이 권력을 유지하기 위해 조작한 궤변에 불과합니다.

정부와 위정자의 본질적 역할은 국민의 대표가 아니라 국민이 선택한 '심부름꾼'입니다. 이는 매우 중요한 구분으로, 주권은 언제나 국민에게 있으며 그 어떤 경우에도 완전히 양도될 수 없습니다. 루소의 통찰에 따르면, 권력은 위임될 수 있지만 의지(전체 의사)는 양도될 수 없습니다.

주권의 양도 불가능성은 민주주의의 가장 근본적인 원칙입니다. 국민은 정부와 위정자에게 특정 권리와 권력을 위임할 수 있지만, 주권 그 자체는 결코 양도할 수 없습니다. 루소의 명확한 표현을 빌리자면, _"주권은 오직 전체 의사를 행사하는 것이기 때문에 절대 양도될 수 없으며, 주권자는 집합적 존재이므로 오직 그 자신에 의해서만 대표될 수 있다."_

이는 민주주의의 가장 근본적이고 혁명적인 개념으로, 국민이 진정한 권력의 주체임을 분명히 합니다. 정부와 위정자는 국민의 신임을 받은 일시적 대리인에 불과하며, 국민의 의지를 충실히 대변해야 할 책임을 집니다.

결국 민주주의란 국민이 스스로의 운명을 결정하고, 자신들의 집단적 의지를 통해 사회를 형성하고 운영하는 끊임없는 과정입니다. 이는 단순한 제도가 아니라 살아있는 정치적 실천이며, 끊임없는 참여와 감시를 요구하는 역동적인 과정입니다.

전체 의사(general will)

법의 힘으로 국가를 창조한 국민은 그 사회의 진정한 주권자입니다. 이는 단순한 추상적 개념이 아니라 정치적 삶의 근본 원칙으로, 모든 권리와 권력의 궁극적 원천이 국민에게 있음을 명확히 합니다.

주권의 양도 불가능성은 민주주의의 핵심입니다. 국민은 정부와 위정자에게 권력을 이양할 수 있지만, 주권 그 자체는 결코 양도될 수 없습니다. 이는 국민이 자신들의 정치적 운명을 스스로 결정할 수 있는 근본적인 권리를 보장하는 메커니즘입니다.

'전체 의사(general will)'라는 개념은 단순한 개별 의견의 총합이 아니라, 공동체의 집단적 이성과 보편적 이익을 반영합니다. 이는 곧 '국민의 뜻'으로, 정치적 정당성의 절대적 원천입니다.

정부와 위정자는 본질적으로 국민의 '심부름꾼'입니다. 그들의 존재 이유는 오직 국민의 전체 의사를 실현하고, 국가 설립의 근본 목적을 충실히 수행하는 것입니다. 이는 단순한 행정적 기능을 넘어, 국민의 삶의 질과 공동체의 번영을 보장하는 근본적인 책임을 의미합니다.

민주주의는 살아있는 유기체입니다. 국민은 끊임없이 주권을 실천하고, 정부와 위정자를 감시하며, 공동체의 이상을 추구해야 합니다. 진정한 민주주의는 투표장에서 끝나지 않고, 일상의 정치적 참여와 비판적 의식을 통해 지속적으로 구현됩니다.

국가는 국민을 위해 존재하며, 정부와 위정자는 국민의 뜻을 충실히 대변해야 할 도덕적, 정치적 의무를 집니다. 이것이 바로 루소가 제시한 민주주의의 본질적 원리이자, 건강한 정치공동체의 근간입니다.

민주주의의 가장 근본적인 원리

루소의 사회계약론은 민주주의의 본질을 꿰뚫는 깊이 있는 통찰을 제공합니다. '공통의 이익'은 개인의 사적 이해관계를 넘어 공동체 전체의 보편적 선을 의미합니다. 이는 단순한 타협이 아니라, 모든 구성원의 근본적 이익이 조화롭게 융합되는 지점입니다. 정부와 위정자의 궁극적 존재 이유는 바로 이 공통의 이익을 실현하는 것입니다.

루소의 '평등적 공화주의'는 전통적인 대의제 민주주의를 근본적으로 재해석합니다. 위정자는 국민의 대표자가 아니라 공동체의 공복(公

僕)입니다. 그들의 권력은 전적으로 국민의 신임에서 비롯되며, 공통의 이익을 실현하기 위해 봉사해야 합니다.

'전체 의사'는 민주주의의 가장 근본적인 원리입니다. 법은 국민의 집단적 의지에서 도출되며, 이 의지를 포기하는 순간 국민은 스스로의 자유와 평등을 배반하게 됩니다. 주권을 포기하고 위정자에게 굴복하는 것은 사실상 민주주의의 파괴를 의미합니다.

국민의 집합적 정체성은 지속적인 참여와 vigilance(경계심)를 통해 유지됩니다. 주권을 양도하는 순간, 국민은 더 이상 진정한 의미의 국민이 아니게 됩니다. 그들은 단순한 피통치자로 전락하며, 자유와 평등의 주체로서의 존엄성을 상실합니다.

민주주의는 한 번 획득되면 영구히 유지되는 것이 아닙니다. 이는 끊임없는 참여와 경계, 그리고 공동체의 집단적 의지를 통해 지속적으로 재생산되어야 하는 살아있는 정치적 실천입니다.

루소가 제시한 민주주의의 본질은 국민 스스로가 자신의 운명의 주인이 되는 것입니다. 이는 단순한 정치 제도가 아니라, 자유와 평등을 끊임없이 추구하고 실현해가는 역동적인 과정인 것입니다.

5
근대 민주주의와 의회 제도의 혁명적 진화

근대 민주주의의 탄생과
의회 제도의 진화

민주주의의 핵심 원리인 국민주권은 단순한 정치적 수사가 아닌, 국가 권력의 정당성을 보장하는 근본적인 토대입니다. 특히 현대 자유민주주의 국가에서는 모든 정치적 권위가 국민의 자발적 동의에서 비롯된다는 점을 강조합니다. 대한민국 역시 이러한 보편적 민주주의 원리를 헌법적 가치로 수용하여, 국민의 의사가 국정 운영의 중심축이 되도록 제도화했습니다.

이러한 민주적 거버넌스의 발전 과정을 이해하기 위해서는 중세 유럽의 정치 체제를 살펴볼 필요가 있습니다. 프랑스의 삼부회와 영국의 양원제는 당시 신분제 사회를 반영한 의회 구조였습니다. 특히 영국의 경우, 성직자와 귀족으로 구성된 귀족원과 평민원이라는 이원적 구조를 통해 각 계층의 이해관계를 조정했는데, 이는 오늘날까지 이어지는 영국 의회 제도의 근간이 되었습니다.

그러나 1400년대 이후 등장한 절대왕정은 이러한 의회 제도의 발전을 일시적으로 저해했습니다. 군주들은 상비군 유지를 위한 독자적인 재정 기반을 확보하면서 의회의 동의 없이도 통치할 수 있게 되었고, 군사력을 바탕으로 반대 세력을 제압할 수 있었습니다. 17세기 영국 왕실마저 이러한 절대주의적 경향을 보였다는 점은 당시 유럽 전역에서 나타난 권력 집중화 현상을 잘 보여줍니다.

하지만 역설적으로 이러한 절대왕정의 시기는 근대 민주주의의 씨앗을 뿌리는 계기가 되었습니다. 과도한 권력 집중에 대한 저항과 비판은 결국 시민혁명으로 이어졌고, 이는 오늘날 우리가 누리는 보편적 참정권과 의회민주주의의 토대가 되었습니다. 특히 영국의 경우, 점진적인 개혁을 통해 군주의 권한을 제한하고 모든 시민에게 선거권을 부여함으로써, 현대적 의미의 입헌군주제 민주주의 국가로 성공적으로 전환할 수 있었습니다.

이러한 역사적 진화 과정은 민주주의가 단순히 주어진 것이 아닌, 끊임없는 노력과 제도적 혁신을 통해 발전해 온 소중한 유산임을 보여줍니다. 오늘날 우리가 당연하게 여기는 의회의 독립성과 국민주권의 원리는 이러한 장구한 역사적 과정의 결실인 것입니다.

17세기 영국의 헌정 위기와 시민혁명

스코틀랜드 출신의 스튜어트 왕조는 잉글랜드 왕위 계승 후 절대왕정을 추구하며 의회와 심각한 갈등을 빚었습니다. 특히 찰스 1세는 11년간 의회 없이 통치하는 이른바 '폭정의 11년'을 자행했는데, 이는 당시 의회 소집권이 왕권에 있었기에 가능했습니다.

이러한 전제적 통치에 맞서 의회는 왕의 측근들을 처형하며 저항했고, 결국 왕당파와 의회파 간의 내전으로 이어졌습니다. 의회파의 승리로 끝난 이 전쟁은 1649년 찰스 1세의 처형으로 절정에 달했으며, 의회파 지도자 올리버 크롬웰이 새로운 통치자로 부상했습니다.

이 사건은 단순한 권력 투쟁을 넘어 근대 입헌주의의 중요한 전환점이 되었습니다. 절대왕정에 대한 의회의 승리는 권력 견제와 균형이라는 민주주의의 핵심 원리를 확립하는 계기가 되었으며, 이는 오늘날 의회 민주주의의 기틀을 마련했습니다.

1689년 권리장전:
근대 입헌민주주의의 기틀

영국의 1688년 명예혁명의 산물인 권리장전은 의회와 왕권의 관계를 재정립한 혁명적 문서입니다. 세계 최초의 성문화된 권리 보장 문서로서, 단순한 법률을 넘어 근대 입헌주의의 토대가 되었습니다.

핵심 원칙들은 다음과 같습니다:
- 법치주의 확립: 국왕의 자의적 법 집행 및 정지 권한 제한
- 재정 통제: 의회 승인 없는 과세 금지
- 상비군 통제: 의회 동의 없는 평시 상비군 유지 금지
- 의회 독립성: 의회 내 발언의 자유 보장과 외부 간섭 배제

이 문서는 입법부의 독립성을 확립했을 뿐만 아니라, 사법부의 독립도 보장함으로써 삼권분립의 기초를 마련했습니다. 또한 개인의 기본권 보장을 성문화함으로써 미국 독립선언서와 프랑스 인권선언에 직접적 영향을 미쳤습니다.

이는 절대왕정에서 입헌군주제로의 전환점이 되었으며, 현대 민주주의의 핵심 가치인 법치주의, 의회주권, 기본권 보장의 제도적 기반을 마련했습니다.

미국 권리장전

1789년 제정된 미국의 권리장전은 연방정부의 권한을 제한하고 시민의 기본권을 보장하는 10개 수정헌법으로 구성됩니다. 이는 영국의 권리장전을 계승하면서도, 새로운 공화국의 맥락에 맞게 발전시킨 혁신적 문서입니다.

특징적인 조항들:

- 제1조는 종교, 언론, 집회의 자유를 통합적으로 보장
- 제2조의 무기소지권은 미국 특유의 역사적 맥락을 반영
- 제4-8조는 형사사법절차에서 시민의 권리를 상세히 규정

이 권리장전은 연방제 국가인 미국의 특성을 반영하여, 연방정부의 권한 제한과 주(州)의 자율성을 보장하는 이중적 구조를 갖추고 있습니다. 특히 제2조의 무기소지권은 오늘날까지 미국 사회의 중요한 논쟁점이 되고 있으며, 각 주는 이 기본권의 구체적 실현 범위를 자율적으로 결정합니다.

민주주의, 끊임없는 노력과 혁신의 산물

오늘날 우리가 누리는 민주주의와 의회 제도는 결코 한순간에 주어진 것이 아닙니다. 그것은 수많은 역사적 도전과 혁명, 그리고 시대를

앞서간 이들의 헌신과 희생이 쌓여 만들어진 소중한 유산입니다. 영국의 권리장전, 미국의 권리장전과 같은 역사적 문서들은 단순한 정치적 합의가 아니라, 권력의 집중을 견제하고 국민의 권리를 보호하기 위한 치열한 투쟁의 결과물이었습니다.

이제 우리의 과제는 이 소중한 유산을 단순히 계승하는 데 그치지 않고, 변화하는 시대 속에서 더 공고히 다져나가는 것입니다. 권력의 균형, 법치주의, 기본권 보장이라는 민주주의의 핵심 원칙은 오늘날에도 여전히 도전받고 있습니다. 따라서 우리는 역사를 거울삼아 민주주의의 가치를 지키고, 더 나은 사회를 만들기 위한 주체적이고 지속적인 노력을 멈추지 말아야 합니다.

더불어 민주주의는 완성된 체제가 아니라, 꾸준한 참여와 감시, 혁신을 통해 끊임없이 진화하는 과정임을 잊지 말아야 합니다.

6
홉스의 충격적 국가론

홉스와 루소의 대비적 관점

국가의 존재와 인간의 자유에 관한 철학적 논쟁은 17세기 이후 정치철학의 핵심 주제였습니다. 특히 토머스 홉스와 장 자크 루소는 국가의 필요성과 인간의 자연상태에 대해 상반된 견해를 제시하며, 국가와 자유의 관계에 대한 근본적인 질문을 던졌습니다.

영국 철학자 토머스 홉스(1588-1679)는 국가가 없는 자연 상태를 불안과 위험이 상존하는 상황으로 인식했습니다. 그의 관점에서 개인은 자력으로만 생존해야 하는 취약한 존재이며, 따라서 국가라는 강력한 권력체계가 필요하다고 주장했습니다. 이는 안전과 질서를 위해 개인의 일부 자유를 양도하는 것이 불가피하다는 사회계약론의 토대가 되었습니다.

반면 프랑스 철학자 장 자크 루소(1712-1778)는 인간의 자연 상태를 이상적인 자유의 상태로 보았습니다. 그의 철학에서 자연 상태의 인간은 계급이나 종속 관계가 없는 평등한 존재였습니다. 이러한 관점은 국가 권력의 정당성에 대한 근본적인 의문을 제기하며, 진정한 자유와 평등의 가치를 강조했습니다.

이러한 철학적 논쟁은 현대 사회에서도 여전히 유효한 화두입니다. 국가의 역할과 개인의 자유 사이의 균형점을 찾는 것은 현대 민주주의의 핵심 과제이며, 이는 개인의 권리 보장과 사회 질서 유지라는 두 가지 가치의 조화를 추구하는 과정이라고 할 수 있습니다.

근대 정치철학의 혁명가, 토마스 홉스

토마스 홉스는 17세기라는 격변의 시대를 살았던 철학자입니다. 그는 당시로서는 매우 파격적인 방식으로 정치 권력의 본질을 설명했습니다. 특히 그의 가장 큰 공헌은 절대군주의 권력이 신이 아닌 '인민의 동의'에서 비롯된다고 주장한 것입니다.

홉스의 사회계약론은 매우 독창적인 출발점을 가지고 있습니다.

그는 인간을 태생적인 '정치적 동물'로 보았던 아리스토텔레스의 전통적 관점에서 과감히 벗어났습니다. 대신 개인들이 자신의 자연권을 가지고 살아가는 '자연상태'라는 개념을 도입했죠. 이는 후대의 정치철학에 지대한 영향을 미쳤습니다.

흥미로운 점은 홉스가 자신의 학문적 방법론을 갈릴레이와 연관 지었다는 것입니다. 갈릴레이가 자연과학의 새로운 지평을 열었다면, 홉스는 사회과학의 선구자가 되고자 했습니다. 그는 자연과학의 정밀한 방법론을 인문학에 접목하려 노력했고, 이는 현대 사회과학의 토대를 마련했다고 볼 수 있습니다.

특별히 주목할 만한 것은 홉스가 당시 학문의 공용어였던 라틴어 대신 영어로 저술 활동을 했다는 점입니다. 이는 단순한 언어 선택의 문제가 아니라, 철학을 보다 많은 사람들에게 접근 가능하게 만들려는 그의 진보적 태도를 보여줍니다.

이처럼 홉스는 정치철학의 내용뿐만 아니라, 그것을 연구하고 전달하는 방식에서도 혁신을 이뤄낸 위대한 사상가였습니다. 그의 사상은 오늘날까지도 현대 민주주의와 정치철학의 발전에 중요한 이정표가 되고 있습니다.

홉스의 국가론

홉스가 그린 국가의 탄생 과정은 매우 흥미롭습니다. 그는 국가를 자연적으로 주어진 것이 아닌, 인간들의 필요에 의해 만들어진 인공물로 보았습니다. 그렇다면 왜 인간들은 국가를 만들어야 했을까요?

홉스는 국가 이전의 자연상태를 매우 암울하게 묘사합니다. 이 상태에서 인간들은 끊임없는 공포와 폭력의 위험 속에서 살아갑니다. 바로 이 불안한 상황을 벗어나기 위해 개인들은 중대한 결정을 내립니다. 자신들의 자연권을 포기하고, 이를 하나의 권력체에 위임하기로 합의하는 것입니다.

특히 주목할 만한 점은 홉스가 말하는 국가의 정당성 문제입니다. 국가의 권력이 신으로부터 오는 것이 아니라, 시민들의 자발적 합의에서 비롯된다고 본 것은 당시로서는 혁명적인 발상이었습니다. 이는 현대 민주주의의 핵심 원리인 '주권재민'의 사상적 토대를 마련했다고 볼 수 있습니다.

홉스는 이러한 국가를 '리바이어던'이라 불렀습니다. 성경에 등장하는 거대한 바다괴물의 이름을 빌려온 이 비유는, 국가가 가진 압도적인 힘과 동시에 그 힘의 필요성을 상징적으로 보여줍니다. 리바이어던은 두렵지만, 이 두려움이 오히려 사회의 평화와 안정을 가져온다는 것이 홉스의 통찰이었습니다. 〈리바이어던〉 제17장에서 그가 남긴 유명한 정의, "국가는 다수의 사람들이 그들 상호 간의 계약에 의해 창조한 하나의 인격"이라는 문장은, 국가의 본질을 간명하면서도 깊이 있게 포착하고 있습니다.

홉스의 국가론은 인간의 본성에 대한 냉철한 관찰과, 그것을 극복하기 위한 현실적 해법을 제시했다는 점에서 현대에도 큰 울림을 주고 있습니다.

절대 권력의 역설

토마스 홉스는 17세기 영국의 혼란한 정치 현실 속에서 파격적인 국가론을 제시했습니다. 그의 대표작인 '리바이어던'은 인간 본성에 대한 냉철한 통찰과 국가 권력의 정당성에 관한 혁신적 사유를 담고 있습니다.

홉스의 핵심 주장은 다음과 같습니다. 국가 이전의 자연상태에서 인간은 서로를 향한 끝없는 경쟁과 불신, 공포 속에서 살아갑니다. 이러한 불안정한 상태를 벗어나기 위해 개인들은 자발적으로 자신들의 권리를 하나의 절대적 권력체에 양도합니다. 이것이 바로 국가, 즉 '리바이어던'의 탄생입니다.

주목할 점은 홉스가 말하는 절대 권력의 정당성이 신이 아닌 인민의 동의에서 비롯된다는 것입니다. 이는 당시 유럽을 지배하던 왕권신수설을 정면으로 반박하는 혁명적 발상이었습니다. 홉스는 거대한 괴물 '리바이어던'과 같은 강력한 국가 권력이 역설적으로 시민들의 평화로운 삶을 보장한다고 보았습니다.

이처럼 홉스의 국가론은 공포와 평화, 권력과 자유라는 상반된 개념들의 역설적 관계를 통해 정치 권력의 본질을 설명합니다. 그의 이론은 오늘날 민주주의의 토대가 된 '주권재민' 사상의 선구적 모델을 제시했다는 점에서 현대적 의의를 가집니다.

7

투쟁하는 자만이 누리는 권리

예링의 법철학이 현대에 던지는 메시지

"법이란 무엇인가?"

이 질문 앞에서 수많은 법학자들이 고민해왔습니다. 그중에서도 특별한 통찰을 제시한 이가 있습니다. 바로 19세기 독일의 법학자 루돌프 폰 예링(Rudolf von Jhering, 1818-1892)입니다.

예링의 통찰력 있는 법철학석 해석을 통해 셰익스피어의 '베니스의 상인'은 새로운 차원의 의미를 획득합니다. 특히 샤일록의 *"나는 법률을 요구합니다(I demand the law.)"* 라는 선언은 단순한 극중 대사를 넘어, 법의 본질과 권리 투쟁의 정수를 담아내고 있습니다.

공리주의 법학과 목적법학의 선구자로 알려진 예링은 그의 대표작

〈로마법의 정신〉과 〈권리를 위한 투쟁〉을 통해 법의 본질에 대한 혁신적인 시각을 제시했습니다. 그는 법을 단순한 규범의 체계가 아닌, 사회적 이익과 목적을 실현하기 위한 살아있는 도구로 바라보았습니다.

이러한 그의 관점은 당시 지배적이었던 관념적 법학에 신선한 충격을 주었고, 오늘날까지도 법학의 중요한 이론적 기초가 되고 있습니다. 예링의 이익법학은 법이 어떻게 우리 사회에 실질적인 영향을 미치는지, 그리고 우리가 왜 법을 통해 권리를 주장하고 지켜야 하는지에 대한 깊은 통찰을 제공합니다.

샤일록의 절규, 권리를 향한 인간의 투쟁

전통적으로 부정적 인물로 그려져 온 샤일록을 법적 권리의식의 관점에서 재해석하는 예링의 시각은 매우 혁신적입니다. 그의 해석은 개인의 권리 주장이 어떻게 보편적 법질서의 문제로 승화되는지를 보여줍니다. 샤일록의 요구는 단순한 개인적 복수나 탐욕의 표현이 아닌, 법적 권리의 정당한 행사로서의 의미를 가집니다.

더욱 주목할 만한 점은, 이 장면이 법의 이중적 성격을 드러낸다는 것입니다. 객관적 법질서와 주관적 권리의식이 만나는 지점에서, 법은 단순한 규범적 체계를 넘어 살아있는 권리 투쟁의 장이 됩니다. 소수자였던 샤일록이 법을 통해 자신의 권리를 주장하는 모습은, 현대 법치주의의 핵심인 권리의식의 선구적 표현이라 할 수 있습니다.

이러한 해석은 법이 단순한 지배의 도구가 아닌, 권리 실현을 위한 역동적 투쟁의 산물임을 상기시킵니다. 샤일록의 사례는 오늘날에도 법적 권리의식과 사회정의 실현을 위한 투쟁의 의미를 되새기게 하는 중요한 시사점을 제공합니다.

법의 정복자, 예링의 혁명적 사상

루돌프 폰 예링의 법학적 사상은 법의 본질을 '투쟁'으로 규정하며, 근대 법철학의 새로운 지평을 열었습니다. 특히 주목할 만한 것은 예링이 제시한 법의 실천적 성격입니다. "로마는 세계를 세 번에 걸쳐 정복했다"라는 그의 유명한 구절은 법의 보편적 영향력을 웅장하게 포착하면서도, 법이 단순한 규범적 체계가 아닌 살아있는 사회적 도구임을 암시합니다.

예링의 핵심 주장은 권리가 단순히 주어지는 것이 아니라 '쟁취되어야 하는 것'이라는 점입니다. 이는 현대 법치주의의 근간이 되는 중요한 통찰로서, 다음과 같은 세 가지 측면에서 의의를 갖습니다:

첫째, 권리는 능동적 실천의 대상입니다. 권리를 위한 투쟁은 감정적 항거가 아닌, 이성적이고 구체적인 법적 실천이어야 합니다.

둘째, 개인의 권리의식과 그 실천은 전체 법질서 형성의 토대가 됩니다. 개별적 권리 주장이 모여 건강한 법체계를 구축하는 것입니다.

셋째, "권리 위에 잠자는 자는 보호받을 가치가 없다"는 그의 명제는, 권리가 단순한 특권이 아닌 책임과 의무를 수반하는 것임을 강조합니다.

이러한 예링의 법사상은 오늘날에도 여전히 유효합니다. 현대 사회에서 법적 권리의 실현은 여전히 끊임없는 투쟁을 요구하며, 이는 민주주의와 법치주의의 발전을 위한 필수적 과정입니다. 그의 이익법학과 목적법학은 법이 사회 발전의 동력이 되어야 한다는 진보적 법사상의 토대를 마련했다고 평가할 수 있습니다.

평화를 위한 역설적 투쟁

예링의 〈권리를 위한 투쟁〉은 법학의 이론적 담론을 넘어, 살아있는 권리 실현의 실천적 지침을 제시했다는 점에서 혁신적입니다.

그의 "법적으로 향유되는 이익"이라는 권리 개념은 추상적 관념을 실천적 차원으로 끌어내린 탁월한 정의로 평가받습니다.

그가 제시한 다섯 가지 핵심 명제는 권리의 본질과 그 실현 과정을 명쾌하게 설명합니다:

첫째, "법의 목적은 평화이며 그것을 위한 수단은 투쟁이다"라는 명제는 역설적으로 보이지만, 진정한 평화는 정당한 권리 투쟁을 통해서만 달성될 수 있다는 심오한 통찰을 담고 있습니다.

둘째, 권리주장을 인격주장과 동일시함으로써, 권리가 단순한 법적 이익이 아닌 인간 존엄성의 표현임을 강조합니다.

셋째와 넷째, 권리 투쟁을 개인적 의무이자 사회적 의무로 규정함으로써, 권리의 이중적 성격 - 개인적 차원과 공동체적 차원 - 을 명확히 합니다.

다섯째, 권리 투쟁의 영향력이 사적 영역을 넘어 국민생활 전반에 미친다는 인식은, 개인의 권리의식이 민주사회 발전의 원동력임을 시사합니다.

특히 주목할 만한 점은 예링이 이 저서에서 학문적 이론보다 윤리적, 실천적 측면을 강조했다는 것입니다. 이는 법이 도서관 속 죽은 문자가 아닌, 시민사회에서 살아 숨 쉬는 실천적 도구여야 한다는 그의 진보적 법사상을 반영합니다.

예링의 이러한 사상은 당대 법학계에 신선한 충격을 주었을 뿐만 아니라, 오늘날에도 여전히 유효한 통찰을 제공합니다. 그의 법사상은 권리의식에 기반한 성숙한 시민사회의 청사진을 제시하며, 현대 민주주의 법치국가의 이론적 토대를 마련했다고 평가할 수 있습니다.

새로운 시대의 권리 패러다임

예링의 법사상은 사적 자치와 자기 책임의 원칙을 통해 근대 법체계의 핵심을 예리하게 포착했습니다. 그의 관점에서 법질서는 개인의 자율적 의사와 행위를 중심으로 구축되어야 하며, 이는 현대 민사법의 근본 원리와도 깊이 맥락을 같이 합니다.

특히 주목할 만한 것은 권리 불행사에 대한 그의 통찰입니다. 권리를 행사하지 않는 것은 단순한 부작위가 아닌, '권리를 위한 투쟁'의 포기로 해석됩니다. 이러한 관점은 현대 법제도의 여러 원칙들 -소멸시효, 실효의 원칙, 권리남용 금지 등- 의 이론적 기초를 제공합니다.

날마다 쟁취하는 자유와 생명

예링의 혁신성은 당시 독일 법학계의 맥락에서 더욱 두드러집니다. 사비니로 대표되는 역사법학파의 관념적이고 학구적인 접근에서 탈피하여, 법의 실천적 목적과 사회적 효용을 전면에 내세운 것입니다. 이는 독일 법학에 공리주의적 관점을 도입한 선구적 시도였습니다.

사비니(Friedrich Carl von Savigny, 1779-1861)로 대표되는 역사법학파는 19세기 독일 법학의 주류를 형성했던 중요한 법학 사조입니다. 이들은 법을 민족정신의 역사적 산물로 보았으며, 특히 로마법의 학문적 연구와 계수를 통해 독일 법학의 학문적 기초를 다졌습니다. 그의 명언 *"자유와 생명을 날마다 쟁취하는 자, 오직 그자만이 자유와 생명에 대한 권리가 있다"*는 그의 법사상의 정수를 담고 있습니다.

이는 권리가 단순히 부여되는 것이 아니라 능동적으로 쟁취하고 지속적으로 실천해야 하는 살아있는 것임을 강조합니다.

이러한 예링의 사상은 현대 법체계에서 더욱 중요한 의미를 가집니다. 복잡한 현대 사회에서 권리의 실현은 더욱 적극적인 노력을 요구하며, 권리자의 자기책임과 능동적 실천은 법질서 유지의 필수 요소가 되었기 때문입니다. 그의 법사상은 권리와 책임의 균형, 개인의 자율성과 사회적 효용의 조화라는 현대 법의 핵심 과제에 대한 통찰을 제공합니다.

8

고대 철학자들이 현대 지도자들에게 보내는 메시지

인문학이 이끄는 진정한 리더십

오늘날 우리는 정치의 새로운 방향을 모색하고 있습니다. 리더십의 실종, 가치관의 부재, 방향성의 상실... 이러한 위기 속에서 우리는 2400년 전 고대 그리스 철학자들의 지혜를 다시 마주하게 됩니다. 그들이 던진 질문은 지금도 유효합니다.

"진정한 정치 지도자란 무엇인가?"

이 질문에 대한 해답을 찾아, 인문학과 철학이 제시하는 지도자의 길을 함께 탐색해보겠습니다.

더더욱 우리는 깊은 통찰력과 인간에 대한 이해를 겸비한 지도자를 갈망하고 있습니다. 단순히 정책을 집행하고 행정을 처리하는 것을 넘어, 인간의 본질을 이해하고 국민의 삶을 진정으로 공감할 수 있는 지도자가 필요한 시대입니다.

인문학은 바로 이러한 깊이 있는 통찰력을 제공합니다. 고대 로마의 위대한 정치가이자 철학자였던 키케로가 강조했듯이, 인문학은 단순한 지식의 축적이 아닌 시련을 이겨내는 불굴의 용기와 지혜를 제공합니다. 특히 2024년 11월 3일의 비상계엄령 사태는 우리 정치 지도자들에게 인문학적 소양이 얼마나 절실한지를 여실히 보여주었습니다.

진정한 국가 지도자는 단순히 현안을 처리하는 관리자가 아닙니다. 그들은 인간의 존엄성을 이해하고, 국민의 삶의 가치를 높이며, 사회의 진정한 발전 방향을 제시할 수 있어야 합니다. 이것이 바로 품격있는 정치 지도자들에게 필수적인 이유입니다.

더욱이 급변하는 현대 사회에서 지도자들이 방향성을 상실한다는 것은 매우 위험한 일입니다. 인문학은 이러한 표류하는 리더십에 나침반을 제공합니다. 그것은 단순한 지식이 아닌, 인간 본연의 가치와 존엄성에 대한 깊은 이해, 그리고 이를 바탕으로 한 미래 비전의 제시입니다.

결국 진정한 품격을 갖춘 정치 지도자란, 인문학적 소양을 통해 인간과 사회에 대한 깊은 이해를 바탕으로 국민들의 삶을 진정성 있게 이끌어갈 수 있는 사람일 것입니다.

이것이 바로 우리가 추구해야 할 정치의 진정한 모습이며, 참다운 인문학이 그 핵심에 있어야 하는 이유입니다.

플라톤이 현대 정치인들에게 던지는 질문

2400여 년 전, 플라톤은 민주정과 과두정을 모두 경험하며 한 가지 깊은 통찰에 도달했습니다.

"진정한 정치란 무엇인가?"

"이상적인 지도자는 어떤 모습이어야 하는가?"

그의 스승 소크라테스가 민주정 하에서 비극적 운명을 맞이하는 것을 목격한 플라톤의 고뇌는, 오늘날 우리 정치 현실에도 깊은 울림을 주고 있습니다.

플라톤이 그의 대표작 '국가'를 통해 제시한 철학자-왕의 개념은 단순한 이상론이 아닙니다. 그것은 지도자가 갖추어야 할 본질적 자질에 대한 깊은 성찰입니다. 르네상스 화가 라파엘로의 '아테네 학당'에서 플라톤이 하늘을 가리키는 모습은, 현실의 단편적 이해를 넘어 더 높은 진리를 추구해야 하는 지도자의 사명을 상징적으로 보여줍니다.

현대 정치인들에게 플라톤의 메시지는 더욱 절실합니다. 이성으로 욕망을 다스릴 줄 아는 균형 잡힌 지도력, 단기적 인기나 대중영합주의를 넘어선 진정한 통찰력, 그리고 정의와 올바름에 대한 끊임없는 탐구 - 이것이야말로 오늘날 우리가 정치인들에게 요구해야 할 핵심 가치가 아닐까요?

플라톤이 설립한 아카데미아는 단순한 학교가 아니었습니다. 그것은 이상적 지도자를 양성하기 위한 장이었으며, 진정한 정의와 올바름을 추구하는 지성의 전당이었습니다.

오늘날 우리의 정치 지도자들도 플라톤의 비전을 되새겨볼 필요가 있습니다. 진정한 정치적 품격이란, 결국 지혜와 정의를 향한 끊임없는 추구에서 비롯되기 때문입니다.

우리 시대 정치인들에게 플라톤은 여전히 유효한 질문을 던집니다:

"당신은 단순한 권력자가 되기를 원하는가,
아니면 진정한 철학자-왕이 되기를 원하는가?"

이 질문에 대한 답이 바로 정치인의 품격을 결정지을 것입니다.

소크라테스가 말하는 품격 있는 정치인의 길

정치 지도자의 진정한 힘은 지식에 대한 겸허한 태도에서 시작됩니다. 소크라테스가 말했듯, 참된 지도자는 알고 있는 것들을 소중히 여기되, 아직 알지 못하는 것들을 두려워하지 않는 사람입니다. 이러한 열린 마음가짐은 오늘날 우리 정치인들에게 더욱 절실히 요구되는 덕목입니다.

특히 주목할 점은 소크라테스가 강조한 '수호자'들의 교육 방식입니다. 그가 말하는 수호자란 오늘날의 관점에서 보면 바로 국가 지도자들을 의미합니다. 이들에게는 단순한 행정 능력이나 정치적 수완을 넘어서는 전인적 교육이 필요합니다. 음악을 통한 정서적 함양, 체육을 통한 신체적 단련, 그리고 지적 훈련을 통한 판단력 향상 - 이 모든 것이 균형 잡힌 지도자를 만드는 필수 요소입니다.

더욱 흥미로운 것은 소크라테스가 제시한 교육의 순서입니다. 그는 진실을 가르치기에 앞서 우화를 먼저 가르쳐야 한다고 했습니다. 이는 오늘날의 맥락에서 보면, 정치인들이 단순한 사실과 통계를 넘어 인간과 사회에 대한 깊은 통찰력을 먼저 갖추어야 한다는 의미로 해석될 수 있습니다.

하지만 동시에 소크라테스는 철저한 검증, 즉 비판적 사고의 중요성도 강조했습니다. 오늘날 정보의 홍수 속에서 진실과 거짓을 구분할 줄 아는 능력은 정치 지도자에게 필수적인 자질이 되었습니다.

결국 소크라테스가 그리는 이상적 지도자의 모습은, 폭넓은 교양과 깊이 있는 통찰력을 갖추고, 끊임없이 배우며 성장하는 사람입니다. 이는 2천 년이 지난 지금도 여전히 유효한, 정치인의 품격을 정의하는 핵심 기준이 아닐까요?

지도자의 품성이 국가의 운명을 결정한다

오늘날 우리는 정치 지도자의 성품이 어떻게 국가의 방향을 좌우하는지 목격하고 있습니다. 고대 그리스의 통찰은 현대 정치의 본질적 문제들을 예리하게 짚어냅니다. 국가의 타락은 결국 지도자의 변질에서 비롯된다는 것이죠.

그들이 분석한 네 가지 퇴보한 정치 형태는 오늘날에도 여전히 유효합니다.

1) 개인적 명예욕에 사로잡힌 지도자들의 명예정치

2) 부의 축적에만 몰두하는 과두정치

3) 무분별한 민중 영합주의로 흐르는 민주정치

4) 독단적 권력 행사의 극치인 참주정치까지

이러한 정치 형태들은 현대사회에서도 다양한 모습으로 나타나고 있습니다.

특히 주목할 점은, 아무리 완벽한 제도를 가진 국가라 할지라도 법과 질서가 제대로 지켜지지 않으면, 결국 타락의 길을 걷게 된다는 경고입니다. 이는 법치주의의 중요성을 강조하는 동시에, 그것을 수호해야 할 정치 지도자들의 책임을 다시 한번 일깨워줍니다.

더욱 우려되는 것은 정치적 타락의 대물림 현상입니다.

부패한 정치 현실에 실망한 위대한 인물의 자제가 오히려 더 극단적인 권력 추구로 나아갈 수 있다는 통찰은, 정치적 건전성의 세대 간 전수가 얼마나 중요한지를 보여줍니다.

가장 경계해야 할 것은 욕망의 노예가 된 지도자입니다. 자신의 비이성적 욕구에 지배당한 정치인은 결국 국가와 국민을 위험에 빠뜨립니다. 이는 오늘날 우리가 정치 지도자를 선택할 때 가장 중요하게 고려해야 할 기준이 바로 그들의 도덕성과 자제력이라는 점을 시사합니다.

진정한 정치적 품격이란 개인의 욕망을 절제하고, 법치주의를 존중하며, 공동체의 이익을 위해 봉사하는 자세에서 비롯됩니다. 이것이 바로 고대 그리스가 현대 정치인들에게 전하는 시대를 초월한 메시지가 아닐까요?

시대를 초월한 정치적 품격

고대 철학자들의 통찰은 오늘날 우리에게 분명한 메시지를 전합니다. 진정한 정치적 품격이란 단순한 외양이나 수사가 아닌, 깊은 인문학적 성찰과 철학적 지혜에서 비롯된다는 것입니다. 지도자는 권력의 소유자가 아닌 진리의 수호자이며, 욕망의 노예가 아닌 이성의 주인이어야 합니다.

이것이 바로 플라톤, 소크라테스, 그리고 수많은 현인들이 우리 시대의 정치인들에게 전하는 시대를 초월한 메시지입니다. 그들의 지혜는 오늘날 우리가 추구해야 할 정치 지도자의 참된 모습을 비추는 거울이 되어줄 것입니다.

9

욕망, 자유, 그리고 국가: 인간사회의 위대한 방정식

"인간사회에서 누구든, 개인이든 집단이든, 다른 사람의 행동의 자유를 침해할 수 있는 경우는 오직 한 가지, 자기보호를 위해 필요할 뿐이다. 다른 사람에게 해를 끼치는 것을 막기 위해서라면, 국가가 그 사람의 의지에 반해서 권력을 사용하는 것도 정당하다. 이 단 하나의 경우 말고는, 문명사회에서 구성원의 자유를 침해하는 그 어떤 권력행사도 정당화할 수 없다."
_존 스튜어트 밀 '자유론'

공포가 만든 질서의 이야기

"자유는 번영의 씨앗을 뿌린다"

경제학의 태동을 알린 아담 스미스(Adam Smith, 1723-1790)의 사상을 한 문장으로 응축한 것입니다. 1776년, 스미스의 불후의 명작 '국부론(The Wealth of Nations)'이 세상에 나왔을 때, 이는 단순한 책의 출간이 아닌 인류 경제사의 한 이정표를 세우는 순간이었습니다.

스미스는 국가의 과도한 개입이 오히려 사회의 자연스러운 성장을 저해한다고 보았습니다. 마치 정원사가 꽃의 성장을 돕되 지나친 간섭을 하지 않듯이, 국가는 최소한의 역할만을 수행해야 한다고 주장했죠. 그의 이론은 인간의 본질적인 욕구와 자유로운 경제 활동의 조화를 꿈꾸었고, 이는 마치 빛나는 등대처럼 후대의 경제학자들에게 방향을 제시했습니다.

아담 스미스에게 붙여진 '경제학의 아버지'라는 호칭은 단순한 수식어가 아닙니다. 그는 인간의 물질적 풍요 추구가 부정적인 것이 아니라, 오히려 사회 전체의 번영으로 이어질 수 있다는 혁신적인 통찰을 제시했습니다. 이 사상은 시대를 뛰어넘어 오늘날에도 자유시장 경제의 이론적 토대로서 그 영향력을 발휘하고 있습니다.

타인의 자유가 시작되는 곳

존 스튜어트 밀이 '자유론'에서 던진 통찰은 오늘날까지도 울림이 있습니다. 그는 마치 정교한 시계공처럼 자유의 한계점을 정확히 짚어냈습니다 - 타인에게 해를 끼치지 않는 선에서의 절대적 자유. 이는 마치 춤을 추는 사람들이 서로의 공간을 존중하며 움직이는 것과 같은 섬세한 균형입니다.

인류 역사는 이러한 다양한 사상들의 장대한 무도회와도 같습니다.

서로 다른 생각들이 부딪히고, 섞이고, 때로는 격렬히 대립하면서 인간의 이성은 더욱 성숙해져 왔습니다. 마키아벨리부터 홉스, 밀에 이르기까지, 이들은 모두 인간의 자유에 대한 갈망을 포착했습니다. 특히 밀은 사상과 표현의 자유를 마치 숨쉬는 공기처럼 근본적인 것으로 보았죠.

토마스 홉스의 사회계약론은 현대 자유주의 철학의 초석이 되었습니다. 그의 이론에서 국가는 마치 등대지기와 같은 존재입니다 - 혼돈의 바다에서 시민들의 안전과 질서라는 불빛을 지키는 역할을 맡았죠. 이는 단순한 권력 이론이 아닌, 인간 사회의 평화로운 공존을 위한 청사진이었습니다.

이러한 사상가들의 유산은 오늘날 우리가 누리는 자유민주주의의 토대가 되었습니다. 그들은 각자의 시대에서 자유와 질서의 균형점을 찾아 끊임없이 고민했고, 그 고민의 흔적들은 현대 사회의 나침반이 되어주고 있습니다.

인간 본성의 민낯을 마주하다

"자연은 그 신체와 정신의 능력 면에서 인간을 평등하게 창조했다. ...... 우리가 목적을 달성하는 데 갖는 '희망의 평등'은 '능력의 평등' 으로부터 생겨난다."

> _"공통의 힘이 존재하지 않는 곳에도 법도 존재하지 않으며, 법이 존재하지 않는 곳에는 불의도 존재하지 않는다."_
> - 홉스 〈리바이어던〉 13장

1603년, 엘리자베스 1세의 서거는 영국 사회에 깊은 균열을 가져왔습니다. 왕당파와 의회파의 대립은 마치 거대한 폭풍우처럼 영국 전역을 휩쓸었고, 이 혼돈의 시대에서 토마스 홉스는 독특한 통찰을 발견했습니다.

홉스의 '자연 상태'는 당시 유행하던 낭만적인 원시 찬미와는 전혀 다른 충격적인 현실 인식을 보여줍니다. 그의 대표작 '리바이어던'에서 그려진 자연상태는 마치 거울처럼 인간 본성의 적나라한 모습을 비춥니다. "자연은 인간을 평등하게 창조했다"는 그의 선언은 언뜻 듣기에 희망적으로 들리지만, 그 이면에는 날카로운 관찰이 숨어있습니다.

이 평등은 축복이 아닌 비극의 씨앗이었습니다. 모든 이가 평등하게 욕망하고, 평등하게 희망하며, 평등하게 서로를 위협할 수 있다는 것. 홉스가 그린 자연상태는 마치 통제되지 않는 무대 위에서 각자가 주연을 차지하려 경쟁하는 것과 같았습니다.

"공통의 힘이 존재하지 않는 곳에는 법도, 불의도 존재하지 않는다" 는 홉스의 통찰은 역설적입니다. 이는 단순한 무법천지를 의미하는 것이 아니라, 질서를 위한 강력한 중앙 권력의 필요성을 역설한 것입니

다. 그의 시각에서 자연상태는 문명 이전의 낭만적 이상향이 아닌, 우리가 반드시 극복해야 할 혼돈의 상태였던 것입니다.

이러한 홉스의 사상은 당시 왕당파의 지지를 받게 되었지만, 그의 진정한 목적은 단순한 정파적 지지가 아닌, 인간 사회의 근본적인 작동 원리를 밝히는 것이었습니다. 오늘날까지도 그의 통찰은 우리에게 권력과 질서, 자유의 본질에 대해 깊은 생각거리를 던져주고 있습니다.

홉스가 본 갈등의 근원

인간은 본래 평등하다:

"*자연은 인간이 육체적, 정신적 능력의 측면에서 평등하도록 창조했다. ... 인간들 사이에 능력 차이는 거의 없다. 있다고 하더라도 다른 사람보다 더 많은 이익을 주장할 수 있을 만큼 크지는 않다. 왜냐하면 체력이 아무리 약한 사람이라 하더라도 음모를 꾸미거나, 혹은 같은 처지에 있는 약자들끼리 공모하면 아무리 강한 사람이라도 충분히 죽일 수 있기 때문이다.*"

- 〈리바이어던〉 13장

홉스의 '리바이어던'은 마치 정교한 심리 스릴러처럼 인간 본성의 깊은 단면을 파헤칩니다. 그가 그린 자연 상태는 단순한 이론적 가정이 아닌, 우리 내면에 잠재된 원초적 불안과 공포의 초상화였습니다.

그의 통찰에 따르면, 인간은 영원한 불만족의 존재입니다. 마치 끝없는 계단을 오르는 것처럼, 우리는 현재의 성취에 만족하지 못하고 끊임없이 "남보다 뛰어나기"를 갈망합니다.

이러한 본질적 불만족이 치명적인 갈등의 씨앗을 잉태합니다.
첫째, 경쟁심입니다. 이는 마치 굶주린 맹수처럼 타인의 것을 탐하게 만듭니다.
둘째, 자신감의 결여는 끊임없는 불안과 방어적 폭력을 낳습니다.
셋째, 명예욕은 가장 미묘하지만 치명적인 갈등의 원천이 됩니다.

한 번의 눈웃음, 하나의 말실수가 폭력의 방아쇠가 될 수 있다고 홉스는 경고합니다. 이러한 무자비한 자연 상태에서 인간이 찾은 출구는 바로 '사회계약' 이었습니다. 끊임없는 죽음의 공포로부터의 해방을 위해, 인간은 자발적으로 자신의 일부 자유를 포기하고 강력한 중앙 권력에 복종하기로 선택했다는 것입니다.

홉스의 이러한 분석은 오늘날에도 놀라운 설득력을 지닙니다. SNS에서의 논쟁부터 국제 분쟁까지, 그가 지적한 세 가지 갈등의 원인은 여전히 우리 사회의 곳곳에서 발견됩니다. 그의 이론은 단순한 17세기의 정치철학이 아닌, 인간 사회의 근본적 작동 원리에 대한 예리한 해부였던 것입니다.

인간의 생존 게임과 리바이어던의 탄생

홉스가 바라본 인생은 마치 끝없는 경주와도 같습니다. 이 경주에서 모든 참가자들은 오직 하나의 목표, 바로 '최고가 되는 것'만을 향해 달립니다. 마치 서바이벌 게임처럼, 각자가 자신의 생존과 우위를 위해 끊임없이 경쟁하는 것이죠.

이러한 관점에서 자연 상태는 필연적으로 '만인의 만인에 대한 전쟁' 상태로 귀결됩니다. 마치 감독이 없는 무대 위에서 모든 배우가 주연을 차지하려 다투는 것처럼, 질서 없는 자유는 결국 혼돈을 낳을 수밖에 없다는 것입니다.

여기서 홉스의 천재성이 빛납니다. 그는 이 공포스러운 자연 상태를 단순한 이론적 가정이 아닌, 강력한 국가 권력의 필요성을 입증하는 결정적 증거로 활용했습니다. '리바이어던'이라 불리는 강력한 국가의 탄생은 이처럼 인간의 본성에 대한 냉철한 관찰에서 비롯된 것입니다.

결국 홉스의 '공포의 자연 상태'는 역설적이게도 평화를 위한 청사진이 됩니다. 무질서의 공포가 질서를 낳고, 자유의 일부를 포기함으로써 더 큰 자유를 얻게 된다는 그의 통찰은, 오늘날 우리가 누리는 사회질서의 철학적 기초가 되었습니다. 이는 마치 혼돈 속에서 질서를 찾아낸 위대한 지적 모험과도 같았던 것입니다.

10

민족의 재발견, 21세기 국가와 민족의 새로운 지평

1848년 독일 혁명(Deutsche Revolution 1848/49)은 1848년 혁명의 일부로 1848년에서 1849년까지 1년을 걸쳐 독일 전 지역에서 벌어진 혁명적 움직임들과 관련된 사건들을 총칭하는 표현입니다.

르낭의 시선에서 본 오늘날의 민족이란?

21세기에 들어서며 세계는 급격한 변화를 겪고 있습니다. 세계화의 물결 속에서 국경의 의미가 흐려지고 문화적 교류가 활발해지는 한편, 세계 곳곳에서는 여전히 민족 정체성을 둘러싼 갈등과 분쟁이 끊이지 않고 있습니다.

이러한 시점에서 19세기 프랑스의 석학 에르네스트 르낭(Ernest Renan 1823-1892)이 던진 근본적 질문, *"민족이란 무엇인가?"*는 놀라울 정도의 현재성과 중요성을 띱니다.

르낭은 그의 대표작 《민족이란 무엇인가》(1882)에서 당시로서는 매우 혁신적인 주장을 펼쳤습니다. 그는 민족을 규정하는 전통적 기준들인 인종, 언어, 종교, 지리적 경계 등을 하나씩 검토하고 반박하며, 이들이 민족의 본질이 될 수 없음을 설득력 있게 논증했습니다.

특히 그의 선언적 구절 *"인간은 인종의 노예도, 언어의 노예도, 종교의 노예도, 강물의 흐름의 노예도, 산맥의 방향의 노예도 아닙니다"*는, 오늘날까지도 깊은 울림을 주고 있습니다. 이는 민족이라는 개념이 생물학적이거나 지리적인 필연성에 의해 결정되는 것이 아님을 강조한 것입니다.

르낭이 제시한 민족의 새로운 정의는 주목할 만합니다. 그에 따르면 민족은 공동의 기억과 현재의 합의, 그리고 미래에 대한 공동의 기획을 바탕으로 형성되는 "일상적 국민투표"입니다.

이는 민족이 고정된 실체가 아니라, 구성원들의 자발적 의지와 연대로 끊임없이 재창조되는 역동적 공동체임을 의미합니다. 이러한 관점은 당시로서는 혁신적이었으며, 오늘날의 민족 개념을 이해하는 데에도 중요한 시사점을 제공합니다.

피히테의 '살아있는 언어'

한편, 독일 관념론의 대표적 철학자인 피히테(Johann Gottlieb Fichte, 1762-1814)는 르낭과는 다른 관점에서 민족 개념에 접근했습니다. 그의 핵심 개념인 '살아있는 언어'는 단순한 의사소통 수단을 넘어, 한 민족의 정신적 토대를 형성하는 근원적 요소로 이해됩니다.

피히테에 따르면, 언어는 민족의 집단적 사고방식과 세계관을 형성하는 근본적 매개체이며, 일상적 삶과 정신적 발전이 유기적으로 결합되는 토대입니다. 나아가 그는 언어를 문화적 역동성과 민족적 창조성의 원천으로 보았습니다.

독일 관념론의 대표적 철학자인 피히테는 르낭과는 다른 관점에서 민족 개념에 접근했습니다. 그의 핵심 개념인 '살아있는 언어'는 단순한 의사소통 수단을 넘어, 한 민족의 정신적 토대를 형성하는 근원적 요소로 이해됩니다.

피히테에 따르면, 언어라는 의미는:

- 민족의 집단적 사고방식과 세계관을 형성하는 근본적 매개체
- 일상적 삶과 정신적 발전이 유기적으로 결합되는 토대
- 문화적 역동성과 민족적 창조성의 원천

1806년 나폴레옹 군대의 프로이센 침공은 피히테의 사상에 결정적 전환점을 가져왔습니다. 조국의 위기를 목도한 그는 《독일 국민에게 고함》을 통해 단순한 학문적 성찰을 넘어, 민족의 실존적 과제를 제시했습니다.

"*민족과 조국은 세속의 의미를 뛰어넘는다*"는 그의 주장은 깊은 철학적 통찰을 담고 있으며, 이는 당시 독일의 민족의식 형성에 지대한 영향을 미쳤습니다.

피히테의 민족주의 사상

피히테가 구상한 국가교육 체계는 단순한 교육 개혁을 넘어 민족의 정신적 통일성을 확립하기 위한 원대한 기획이었습니다. 당시 독일 사회의 현실은 교양계급과 민중 간의 깊은 문화적 단절로 특징지어졌는데, 교양계급이 라틴어, 프랑스어를 사용하며 유럽 귀족문화에 동화되어 있는 동안, 일반 민중은 자신들의 모국어로 일상을 영위했습니다.

피히테는 이러한 문화적 분열을 극복하기 위해 보편적 국가교육의

실현을 주장하며 민족적 연대의식을 형성하고자 했습니다.

현대 사회에서 민족 정체성은 새로운 도전에 직면해 있습니다. 세계화로 인해 국경의 의미가 약화되고 문화적 교류가 활발해지는 가운데, 민족적 가치와 보편적 가치의 조화는 중요한 과제가 되었습니다. 현대 사회에서 요구되는 건전한 민족의식은 배타적 민족주의를 지양하고, 보편적 인류애와 문화적 다양성을 포용하며, 세계시민의식과의 조화를 추구해야 합니다.

피히테의 교육철학

피히테의 국가교육 철학은 단순한 교육 개혁을 아닌 민족의 정신적 통일성을 확립함과 동시에, 당시 독일 사회의 교양계급과 민중 간에 문화적 분열을 극복하기 위한 것이었습니다.

그의 교육철학의 주요 특징은 다음과 같습니다:

- 보편적 국가교육의 실현
- 민족적 연대의식 형성
- 언어와 애국심의 유기적 관계 강조

민족 정체성은 이제 고정불변의 실체가 아닌, 구성원들의 자발적 의지와 합의를 통해 끊임없이 재창조되는 역동적 개념으로 이해되어야 합니다. 이는 르낭의 "일상적 국민투표" 개념과 맥을 같이 하며, 동시에 피히테가 강조한 문화적 고유성의 중요성도 고려해야 합니다.

현대 사회에서 민족의 의미와 가치는 문화적 정체성의 보존과 발전, 보편적 가치와의 조화, 세계시민으로서의 책임과 역할, 그리고 다문화주의와의 공존을 모두 포괄해야 합니다.

21세기의 민족 개념은 폐쇄적 민족주의를 넘어, 보다 포용적이고 열린 방향으로 발전해야 합니다. 이는 르낭과 피히테의 사상을 현대적 맥락에서 재해석하고, 세계화 시대의 새로운 도전에 대응하는 과정에서 더욱 중요한 의미를 가집니다. 우리는 민족적 정체성을 유지하면서도 세계시민으로서의 책임을 다하는 균형 잡힌 접근을 모색해야 할 것입니다.

| 필수도서 소개 |

『민족이란 무엇인가』
조셉 에르네스트 르낭

    이 책은 민족의 본질을 새롭게 정의한 획기적인 저작입니다. 르낭은 당시 지배적이었던 민족의 정의 - 인종, 언어, 종교, 지리적 경계 등을 하나씩 반박하며 새로운 관점을 제시합니다. 그는 민족을 '매일의 국민투표'라고 정의하면서, 이는 구성원들의 자발적 의지와 동의에 기반한 정신적 원리라고 주장했습니다. 과거의 공통된 기억과 현재의 합의, 그리고 미래에 대한 공동의 기획이 민족을 형성한다는 것입니다. 이 책은 오늘날 세계화 시대에 민족을 어떻게 이해해야 하는지에 대한 중요한 통찰을 제공합니다.

조셉 에르네스트 르낭(Joseph Ernest Renan, 1823~1892)
프랑스의 석학. 동양학, 셈어 연구에 큰 업적을 남겼으며 종교역사, 언어학, 철학, 성서학, 초기 기독교의 기원을 연구했습니다. 또한 민족주의와 인종 우월주의에 기반한 정치 이론을 전개했습니다.

『독일 국민에게 고함』
요한 고틀리브 피히테

1807년 나폴레옹의 침략으로 독일이 위기에 처했을 때 쓰인 이 책은, 단순한 애국적 호소문 이상의 깊은 철학적 성찰을 담고 있습니다. 피히테는 민족의 핵심 요소로 '살아있는 언어'의 중요성을 강조하며, 이를 통한 민족 교육의 필요성을 역설했습니다. 그는 교양계급과 민중 사이의 문화적 단절을 극복하고, 통일된 민족의식을 형성하기 위해 보편적 국가교육의 필요성을 주장했습니다. 이 책은 민족의 문화적 정체성과 교육의 역할에 대한 근본적인 질문을 던지고 있습니다.

요한 고틀리브 피히테(Johann Gottlieb Fichte, 1762~1814)

칸트의 이론을 발전시켜 독일 관념론을 창시한 철학자입니다.
현대 학계는 그의 자의식과 자기인식에 대한 독창적 통찰을 재평가하며, 독자적 철학자로서의 가치를 인정하고 있습니다.

존 듀이의 시각으로 바라본 민주주의의 진정한 의미

민주주의의 가치

주권자를 키우는 힘, 교육에 답이 있다

인류 문명의 진보는 늘 한 가지 질문에서 시작되었습니다. "진정한 국가의 주인은 누구인가?" 루소가 〈사회계약론〉을 통해 선언했던 것처럼, 모든 정치적 권력의 정당성은 오직 국민으로부터 비롯됩니다. 모든 권력이 국민에게 있다는 이 명쾌하고도 혁신적인 원칙은, 오늘날 민주주의의 기초가 되었습니다. 마치 건물의 주인이 그 건물의 열쇠를 가지고 있듯이, 국가의 주인인 국민이 모든 권한을 갖는다는 이 생각은 너무나 당연해 보이지만, 당시로서는 기존 질서를 뒤흔드는 획기적인 발상이었습니다.

그러나 이러한 원칙을 선언하는 것만으로는 충분하지 않습니다. 진정한 도전은 이 원칙을 현실에서 어떻게 구현할 것인가에 있습니다. 위정자들의 진정한 소명은 단순히 권력을 행사하는 것이 아니라, 그 권력의 원천인 국민의 역량을 키우고 성장시키는 데 있어야 합니다. 국가와 정부는 이러한 목표를 달성하기 위한 수단이어야 하며, 그 자체가 목적이 되어서는 안 됩니다.

이러한 맥락에서 교육철학자 존 듀이의 통찰은 특별한 의미를 갖습니다. 그는 교육이야말로 국민의 성장과 발전을 이끄는 가장 핵심적인 동력이라고 보았습니다. 교육은 단순한 지식의 전달을 넘어, 시민들이 자신의 권리와 책임을 깨닫고 행사할 수 있게 하는 근본적인 힘이기 때문입니다. 이것이 바로 정치가 교육을 최우선 과제로 삼아야 하는 이유입니다.

민주주의의 철학자 '존 듀이'

존 듀이(John Dewey, 1859~1952)는 20세기의 위대한 미국 교육철학자로, 민주주의를 단순한 정치제도의 틀을 넘어 인간 삶의 본질적 가치로 재해석했습니다. 그의 혜안은 오늘날 우리 사회에 더욱 깊은 울림을 주고 있습니다.

듀이가 그린 민주주의의 청사진은 놀랍도록 포괄적입니다. 그는 민주주의를 '삶의 양식'으로 정의하며, 시민들이 상호 존중과 신뢰를 바탕으로 공동체의 문제를 해결해나가는 협력적 생활방식이라고 보았습니다. 이는 투표나 선거와 같은 형식적 절차를 넘어, 일상에서 실천되는 살아있는 민주주의를 의미합니다.

듀이의 민주주의론이 특별한 이유는 개인의 자유와 성장을 최우선 가치로 두었다는 점입니다. 그가 강조한 세 가지 핵심 자유는 다음과 같습니다:

- 사상의 자유 : 다양한 의견을 자유롭게 교환하며 소통할 수 있는 권리
- 결사의 자유 : 공동의 가치를 위해 함께 모이고 행동할 수 있는 권리
- 행복추구의 자유 : 각자가 꿈꾸는 삶을 설계하고 실현할 수 있는 권리

듀이는 이러한 자유가 저절로 주어지는 것이 아님을 강조했습니다. 진정한 민주시민이 되기 위해서는 비판적 사고력, 협동심, 공공의식, 그리고 공동선을 향한 실천의지가 필요합니다.

이러한 맥락에서 그는 교육의 역할을 강조했으며, 학교를 "민주주의의 교회"라고 표현했습니다. 이는 교육이 민주주의의 가치를 내면화하고 실천하는 핵심 장이 되어야 한다는 그의 신념을 잘 보여줍니다.

오늘날 우리가 직면한 사회적 도전들 앞에서, 듀이의 민주주의론은

더욱 빛을 발합니다. 그가 제시하는 민주주의는 단순한 이상이 아닌, 일상에서 실천하고 키워나가야 할 살아있는 가치이자 지혜입니다.

민주주의의 깊이 있는 이해

민주주의는 단순한 정치체제를 넘어 인간의 존엄성과 도덕적 가치를 실현하는 삶의 방식입니다. 루소가 『사회계약론』에서 제시한 국민주권과 평등, 자유의 이념은 듀이에 이르러 보다 풍부하고 실천적인 의미로 확장되었습니다.

듀이는 민주주의를 '인간이 가장 인간답게 살 수 있는 총체적 생활양식'으로 재해석했습니다. 이는 단순히 투표권을 행사하거나 정치적 권리를 누리는 차원을 넘어, 문화적이고 윤리적인 차원으로 민주주의의 지평을 넓힌 것입니다. 그의 비전 속에서 민주주의는 사회 구성원들이 평등한 기반 위에서 자유를 누리며, 서로의 성장을 돕는 상호부조의 정신을 실천하는 삶의 방식입니다.

헤겔의 통찰처럼 "가장 이상적인 것이 가장 현실적인 것"이라는 명제는 듀이의 민주주의론에서도 깊은 의미를 지닙니다. 이상적인 민주주의를 향한 끊임없는 노력이 없다면, 우리 사회의 실질적 진보도 불가능하기 때문입니다.

특히 주목할 점은 듀이의 민주주의가 칸트의 도덕철학과 맞닿아 있다는 것입니다. 칸트가 『도덕 형이상학을 위한 기초 놓기』에서 강조했듯이, 인간의 인격을 수단이 아닌 '목적 그 자체'로 존중하는 것이 도덕의 핵심입니다. 듀이는 이러한 칸트의 통찰을 교육철학에 적용하여, 교육의 주체와 객체 모두를 목적적 존재로 바라보았습니다.

결국 듀이가 꿈꾸는 민주사회는 도덕적 가치가 중심이 되는 공동체입니다. 이는 단순한 이상이 아닌, 교육을 통해 실현 가능한 구체적 비전입니다.

오늘날 우리가 직면한 다양한 사회적 도전들 속에서, 듀이의 이러한 통찰은 더욱 절실한 의미를 갖습니다. 민주주의는 우리 모두가 함께 만들어가야 할 도덕적 실천의 장이자, 인간다운 삶을 위한 가장 고귀한 이상인 것입니다.

듀이의 『민주주의와 교육』이 제시하는 민주주의와 전인교육의 비전

존 듀이의 대표작 『민주주의와 교육』은 교육을 통한 민주주의의 실현이라는 원대한 비전을 제시합니다. 그가 말하는 '민주'의 개념은 단순한 정치적 이상을 넘어, 인간다운 인성과 실력을 겸비한 전인적 인재를 양성하는 교육적 이상을 포함합니다.

듀이는 사회의 지속가능한 발전이 전인교육을 통해 가능하다고 보았습니다. 이는 모든 교육기관이 함께 노력해야 할 공동의 과제입니다. 특히 교사의 헌신적인 노력은 학생들의 인성을 성숙시키는 핵심 동력이 됩니다.

이러한 교육적 노력이 결실을 맺기 위해서는 정부와 행정기관의 체계적인 지원이 필수적입니다. 양질의 교육기회를 모든 이에게 평등하게 제공하는 것은 민주사회의 기본 책무입니다.

듀이의 관점에서 국가는 모든 구성원이 참여하는 거대한 교육공동체입니다. 이러한 맥락에서 정부의 역할은 매우 중요합니다. 국민들이 평생에 걸쳐 교육이라는 창조적 활동을 지속할 수 있도록 지원해야 하기 때문입니다. 교육은 단순한 지식 전달이 아닌, 인성과 정신, 지식과 기술을 총체적으로 함양하는 창조적 생산 행위입니다.

따라서 정부는 모든 정책과 제도를 수립할 때 '교육적 관점'을 견지해야 합니다. 국민의 전인적 성장을 촉진하는 제도와 정책을 마련하고 실천하는 것이야말로 진정한 민주주의의 실현을 위한 첫걸음일 것입니다. 이것이 듀이가 『민주주의와 교육』을 통해 우리에게 전하고자 했던 핵심 메시지입니다.

오늘날 우리 사회가 직면한 다양한 교육적 과제들을 해결하기 위해서는, 듀이가 제시한 이러한 통찰을 진지하게 되새겨볼 필요가 있습니다. 전인교육을 통한 민주시민의 양성, 이는 우리 시대의 가장 중요한 과제이자 희망일 것입니다.

존 듀이(John Dewey, 1859~1952)
미국 실용주의의 창시자

20세기를 대표하는 미국의 위대한 지성 존 듀이(John Dewey, 1859~1952)는 철학자이자 심리학자, 그리고 교육 혁신가로서 당대의 사회를 새롭게 바라보는 눈을 제시했습니다. 듀이의 사상에서 가장 빛나는 핵심은 바로 '민주주의'였습니다. 그는 젊은 시절부터 '민주주의야말로 인류의 궁극적인 윤리적 이상'이라고 믿었습니다. 이러한 신념은 그의 모든 연구와 저술 활동의 근간이 되어 정치, 교육, 소통, 언론 등 다양한 분야에서 꽃을 피웠습니다.

특히 듀이는 진정한 민주주의를 실현하기 위해서는 두 가지가 필요하다고 보았습니다. 하나는 학교였고, 다른 하나는 시민사회였습니다. 그는 이 두 공간에서 사람들이 자유롭게 생각하고 다양성을 존중하며 실험적인 지성을 발휘할 수 있어야 한다고 주장했습니다. 나아가 민주주의는 단순히 투표할 권리를 주는 것으로 완성되지 않으며, 시민들과 전문가들, 그리고 정치인들이 서로 활발히 소통하면서 만들어가는 건강한 여론이 있어야 비로소 완성된다고 보았습니다.

절대왕정의 신화를 무너뜨린 혁명가: 존 로크

존 로크의 〈통치론〉

왕권신수설에 대한 혁명적 도전

존 로크의 〈통치론〉은 분명 우리에게 지금도 말을 건네고 있습니다.

이 책은 현대 자유주의의 기초를 놓은 중요한 저작으로, 큰 기대를 갖고 다시 접하고 소개하는 것은 매우 의미 있는 일입니다.

로크의 〈통치론〉은 오늘날 우리가 누리는 자유의 근간을 형성했습니다. 현대 자본주의 사회에서 살아가는 우리는 로크가 제시한 사상을 너무나 당연하게 여길 수 있지만, 그의 사상은 개인의 소유권을 중심으로 시장 거래가 이루어지는 현대 자본주의 사회의 철학적 토대를 마련했습니다.

17세기 영국으로 거슬러 올라가면, 자유의 문제와 진지하게 씨름했던 사상가 존 로크를 만나게 됩니다. 로크가 살았던 시대에는 왕의 명령에 복종하는 것이 자연스러운 일이었습니다. 많은 사람들이 왕의 절대적 권력에 대해 내심 불만을 품고 있었을지 모르나, 그 권력의 정당성에 대해 합리적 논리로 도전하는 이는 드물었습니다. 로크는 이러한 왕권신수설이라는 견고한 산을 새로운 논리로 무너뜨린 혁명적 사상가였습니다.

로크가 쓴 〈통치론〉은 1680년부터 쓰기 시작해서 1689년에 출판된 책입니다. 〈통치론〉은 제2논문의 내용인데 총 19장으로 이루어져 있습니다.

정부에 관한 두 가지 논문: 첫 번째 판의 제목 페이지; 존 로크가 1689년 익명으로 출판한 정치 철학 작품

"세상의 모든 통치는 흔히 주장되는 것처럼 오로지 힘과 폭력의 산물이고, 인간의 공동생활은 다름 아닌 바로 가장 힘센 자가 지배하는 야수들의 법칙에 의해서 지배 받게 되며, 이것은 끊임없는 무질서와 불행, 소요, 선동 및 반란의 원인이 된다는 생각이 타당하다는 점을 부정하고자 하는 자는, 로버트 필머가 우리에게 가르쳐준 것과는 다른 또 하나의 통치의 발생과 별도의 정치권력의 기원 그리고 정치권력을 소유할 인격(사람이나 기관)을 고안하고 분별하는 방법을 필히 발견해야 할 것입니다."

_로크 〈통치론〉 제1장 1절

17세기 후반 영국은 정치적 격변의 소용돌이 속에 있었습니다. 국왕 처형(1649), 공화정 수립, 왕정 복고(1660)를 거쳐 마침내 명예혁명(1688)으로 이어지는 이 역사적 전환기에 존 로크(1632-1704)는 근대 자유민주주의의 이론적 토대를 마련했습니다. 그의 대표작 《통치론》은 절대왕정의 이론적 기반이었던 왕권신수설에 대한 철저한 비판을 통해 새로운 정치질서의 원리를 제시했습니다.

신의 이름으로: 필머의 왕권신수설

17세기는 종교가 사회와 정치의 중심축을 이루던 시대였습니다. 사람들의 일상과 가치관은 종교적 세계관에 깊이 뿌리내리고 있었고, 이는 정치사상에도 지대한 영향을 미쳤습니다.
이러한 배경 속에서 영국 사회에 가장 강력한 사상적 영향력을 행사한 인물은 홉스가 아닌 로버트 필머 경이었습니다.

필머의 대표작 〈가부장주의(Patriarcha)〉는 그의 사후인 1680년에 출판되었지만, 그 내용은 당시 영국 사회의 지배적인 정치관을 반영하고 있었습니다. 필머는 정치적 권위의 원천이 인민의 동의가 아닌 신으로부터 직접 비롯된다고 주장했습니다. 그의 논리에 따르면, 신은 지구를 아담에게 수여하면서 동시에 '가부장권'이라는 특별한 권한을 부여했습니다.

이러한 관점에서 왕의 권력은 신이 최초의 인간 아담에게 부여한 권위로부터 정당하게 계승된 것이며, 따라서 신민들은 마치 아버지를 공경하듯 왕의 통치권을 받아들이고 복종해야 한다는 결론에 이릅니다.

필머의 사상에 따르면, 일반 백성들은 신이 정당하게 부여한 왕의 권력에 의문을 제기하지 않고 무조건적으로 복종하는 것이 도덕적으로 옳은 행위였습니다.

당시 왕권신수설을 내세운 로버트 필머 경은 "하나님이 아담의 후손인 통치자들에게 영토와 함께 신민(臣民)을 준 것이기 때문에 신민은 통치자에게 절대적으로 복종할 의무가 있다"라고 하였습니다. 또한 "신민의 재산 역시 왕이 시혜로서 준 것이기 때문에 통치자는 신민의 동의 없이 이를 처분할 수 있다"고 주장했습니다.

로버트 필머(Robert Filmer)

로버트 필머(Robert Filmer 1589-1653)의 《가부장론:Patriarcha; of the Natural Power of Kings》

(1680)은 절대왕정의 정당성을 신학적으로 뒷받침하는 중요한 이론적 근거였습니다. 필머는 국왕의 권위를 가부장적 권위와 동일시하며, 국가를 하나의 큰 가족으로, 국왕을 그 가족의 아버지로 비유했습니다.

필머는 다음과 같은 핵심 주장을 펼쳤습니다:

1. 신성한 기원: 국가와 왕권은 신이 직접 창조한 것이다.
2. 아버지로서의 군주: 왕은 국민들의 아버지이며, 가족에서 아버지가 자녀에게 절대적 권위를 갖듯 군주도 신민에게 절대적 권위를 가진다.
3. 아담의 계승: 신이 최초의 인간 아담에게 모든 인류의 아버지로서 부여한 권위가 군주에게 계승되었다.
4. 재산권의 부정: 신민의 재산도 왕이 시혜로 준 것이므로 통치자는 신민의 동의 없이 이를 처분할 수 있다.

필머는 이러한 논리를 통해 자유를 방종과 동일시하면서 인민주권론을 무정부상태로 이어지는 위험한 사상으로 규정했습니다.

사회계약에 기초한 자유: 로크의 혁명적 반박

로크는 《통치론》 제1장 첫 문단에서부터 필머의 주장에 정면으로 도전합니다. 그는 필머의 논리를 전면적으로 해체하면서, 다음과 같은 핵심 개념들을 발전시켰습니다:

1. 자연상태와 자연권: 모든 인간은 태어날 때부터 생명, 자유, 재산에 대한 권리를 가진다.

2. 사회계약론: 통치자의 권위는 신이 아닌 국민들의 자발적 동의에서 비롯된다.
3. 제한된 정부: 정부의 권력은 계약에 의해 부여된 것이므로 시민의 권리를 침해할 수 없다.
4. 권력분립: 입법, 행정, 사법 권력의 분리를 통해 권력 남용을 방지한다.
5. 저항권: 통치자가 계약을 위반할 경우 국민은 저항할 권리를 가진다.

로크의 가장 혁명적인 측면은 자유의 개념을 재정의한 점입니다. 그는 자유를 단순한 방종이 아니라 법의 테두리 안에서 보장되는 권리로 설명하면서, 공동체의 안전과 개인의 자유가 양립 가능함을 증명했습니다.

"왕권은 신으로부터가 아닌, 국민으로부터"

로크의 가장 혁명적인 주장은 사회계약론이었습니다. 그는 "통치자의 권위는 신의 뜻이 아니라 국민들의 자발적 동의에서 비롯된다"고 주장했습니다. 따라서 통치자는 국민의 재산과 권리를 침해할 수 없으며, 만약 그런 일이 발생한다면 국민은 저항할 권리가 있다고 말했습니다.

로크의 정치사상은 1688년 영국 명예혁명 이후 의회제 정부라는 새로운 정치체계의 이론적 토대가 되었습니다. 영국의 입헌주의 모델은 유럽 전역으로 퍼져나갔고, 특히 프랑스의 대표적인 계몽사상가이자 작가인 볼테르 등 프랑스 계몽사상가들에게 영향을 주어 프랑스 혁명의 사상적 기반이 되었습니다.

나아가 로크의 사상은 미국 독립선언서와 헌법에 직접적인 영향을 미쳤으며, 현대 민주주의 국가들의 헌법과 정치 제도에 깊이 스며들어 있습니다. 그가 강조한 다수결의 원칙, 권력분립, 개인의 자유와 권리, 사유재산의 보호, 저항권 등의 개념은 오늘날 우리가 당연시하는 민주주의의 핵심 원리가 되었습니다.

현대적 의미

로크의 사상이 오늘날에도 중요한 이유는 그가 제시한 정치 권력의 정당성에 관한 질문이 여전히 유효하기 때문입니다.

- "통치자의 권력은 어디에서 비롯되는가?"
- "정부의 정당한 범위는 어디까지인가?"
- "시민의 권리와 의무는 무엇인가?"

위 질문들은 현대 정치철학의 중심에 여전히 자리하고 있습니다.

로크가 왕권신수설과의 치열한 투쟁을 통해 발전시킨 사상은 단순한 이론적 승리를 넘어, 우리가 오늘날 누리는 민주주의와 자유의 토대가 되었습니다. 로크의 정치사상은 절대 권력에 대한 도전과 개인의 권리 수호라는 정신을 통해 인류 정치사의 새로운 장을 열었습니다.

대한민국헌법

[시행 1988. 2. 25.] [헌법 제10호, 1987. 10. 29., 전부개정]

전문

유구한 역사와 전통에 빛나는 우리 대한국민은 3·1운동으로 건립된 대한민국임시정부의 법통과 불의에 항거한 4·19민주이념을 계승하고, 조국의 민주개혁과 평화적 통일의 사명에 입각하여 정의·인도와 동포애로써 민족의 단결을 공고히 하고, 모든 사회적 폐습과 불의를 타파하며, 자율과 조화를 바탕으로 자유민주적 기본질서를 더욱 확고히 하여 정치·경제·사회·문화의 모든 영역에 있어서 각인의 기회를 균등히 하고, 능력을 최고도로 발휘하게 하며, 자유와 권리에 따르는 책임과 의무를 완수하게 하여, 안으로는 국민생활의 균등한 향상을 기하고 밖으로는 항구적인 세계평화와 인류공영에 이바지함으로써 우리들과 우리들의 자손의 안전과 자유와 행복을 영원히 확보할 것을 다짐하면서 1948년 7월 12일에 제정되고 8차에 걸쳐 개정된 헌법을 이제 국회의 의결을 거쳐 국민투표에 의하여 개정한다.

제1장 총강

제1조 ①대한민국은 민주공화국이다.
②대한민국의 주권은 국민에게 있고, 모든 권력은 국민으로부터 나온다.

제2조 ①대한민국의 국민이 되는 요건은 법률로 정한다.
②국가는 법률이 정하는 바에 의하여 재외국민을 보호할 의무를 진다.

제3조 대한민국의 영토는 한반도와 그 부속도서로 한다.

제4조 대한민국은 통일을 지향하며, 자유민주적 기본질서에 입각한 평화적 통일정책을 수립하고 이를 추진한다.

제5조 ①대한민국은 국제평화의 유지에 노력하고 침략적 전쟁을 부인한다.
②국군은 국가의 안전보장과 국토방위의 신성한 의무를 수행함을 사명으로 하며, 그 정치적 중립성은 준수된다.

제6조 ①헌법에 의하여 체결·공포된 조약과 일반적으로 승인된 국제법규는 국내법과 같은 효력을 가진다.
②외국인은 국제법과 조약이 정하는 바에 의하여 그 지위가 보장된다.

제7조 ①공무원은 국민전체에 대한 봉사자이며, 국민에 대하여 책임을 진다.
②공무원의 신분과 정치적 중립성은 법률이 정하는 바에 의하여 보장된다.

제8조 ①정당의 설립은 자유이며, 복수정당제는 보장된다.
②정당은 그 목적·조직과 활동이 민주적이어야 하며, 국민의 정치적 의사형성에 참여하는데 필요한 조직을 가져야 한다.
③정당은 법률이 정하는 바에 의하여 국가의 보호를 받으며, 국가는 법률이 정하는 바에 의하여 정당운영에 필요한 자금을 보조할 수 있다.
④정당의 목적이나 활동이 민주적 기본질서에 위배될 때에는 정부는 헌법재판소에 그 해산을 제소할 수 있고, 정당은 헌법재판소의 심판에 의하여 해산된다.

제9조 국가는 전통문화의 계승·발전과 민족문화의 창달에 노력하여야 한다.

제2장 국민의 권리와 의무

제10조 모든 국민은 인간으로서의 존엄과 가치를 가지며, 행복을 추구할 권리를 가진다. 국가는 개인이 가지는 불가침의 기본적 인권을 확인하고 이를 보장할 의무를 진다.

제11조 ①모든 국민은 법 앞에 평등하다. 누구든지 성별·종교 또는 사회적 신분에 의하여 정치적·경제적·사회적·문화적 생활의 모든 영역에 있어서 차별을 받지 아니한다.
②사회적 특수계급의 제도는 인정되지 아니하며, 어떠한 형태로도 이를 창설

할 수 없다.
③훈장등의 영전은 이를 받은 자에게만 효력이 있고, 어떠한 특권도 이에 따르지 아니한다.

제12조 ①모든 국민은 신체의 자유를 가진다. 누구든지 법률에 의하지 아니하고는 체포·구속·압수·수색 또는 심문을 받지 아니하며, 법률과 적법한 절차에 의하지 아니하고는 처벌·보안처분 또는 강제노역을 받지 아니한다.
②모든 국민은 고문을 받지 아니하며, 형사상 자기에게 불리한 진술을 강요당하지 아니한다.
③체포·구속·압수 또는 수색을 할 때에는 적법한 절차에 따라 검사의 신청에 의하여 법관이 발부한 영장을 제시하여야 한다. 다만, 현행범인인 경우와 장기 3년 이상의 형에 해당하는 죄를 범하고 도피 또는 증거인멸의 염려가 있을 때에는 사후에 영장을 청구할 수 있다.
④누구든지 체포 또는 구속을 당한 때에는 즉시 변호인의 조력을 받을 권리를 가진다. 다만, 형사피고인이 스스로 변호인을 구할 수 없을 때에는 법률이 정하는 바에 의하여 국가가 변호인을 붙인다.
⑤누구든지 체포 또는 구속의 이유와 변호인의 조력을 받을 권리가 있음을 고지받지 아니하고는 체포 또는 구속을 당하지 아니한다. 체포 또는 구속을 당한 자의 가족등 법률이 정하는 자에게는 그 이유와 일시·장소가 지체없이 통지되어야 한다.
⑥누구든지 체포 또는 구속을 당한 때에는 적부의 심사를 법원에 청구할 권리를 가진다.
⑦피고인의 자백이 고문·폭행·협박·구속의 부당한 장기화 또는 기망 기타의 방법에 의하여 자의로 진술된 것이 아니라고 인정될 때 또는 정식재판에 있어서 피고인의 자백이 그에게 불리한 유일한 증거일 때에는 이를 유죄의 증거로 삼거나 이를 이유로 처벌할 수 없다.

제13조 ①모든 국민은 행위시의 법률에 의하여 범죄를 구성하지 아니하는 행위로 소추되지 아니하며, 동일한 범죄에 대하여 거듭 처벌받지 아니한다.
②모든 국민은 소급입법에 의하여 참정권의 제한을 받거나 재산권을 박탈당하지 아니한다.
③모든 국민은 자기의 행위가 아닌 친족의 행위로 인하여 불이익한 처우를 받

지 아니한다.

제14조 모든 국민은 거주·이전의 자유를 가진다.

제15조 모든 국민은 직업선택의 자유를 가진다.

제16조 모든 국민은 주거의 자유를 침해받지 아니한다. 주거에 대한 압수나 수색을 할 때에는 검사의 신청에 의하여 법관이 발부한 영장을 제시하여야 한다.

제17조 모든 국민은 사생활의 비밀과 자유를 침해받지 아니한다.

제18조 모든 국민은 통신의 비밀을 침해받지 아니한다.

제19조 모든 국민은 양심의 자유를 가진다.

제20조 ①모든 국민은 종교의 자유를 가진다.
②국교는 인정되지 아니하며, 종교와 정치는 분리된다.

제21조 ①모든 국민은 언론·출판의 자유와 집회·결사의 자유를 가진다.
②언론·출판에 대한 허가나 검열과 집회·결사에 대한 허가는 인정되지 아니한다.
③통신·방송의 시설기준과 신문의 기능을 보장하기 위하여 필요한 사항은 법률로 정한다.
④언론·출판은 타인의 명예나 권리 또는 공중도덕이나 사회윤리를 침해하여서는 아니된다. 언론·출판이 타인의 명예나 권리를 침해한 때에는 피해자는 이에 대한 피해의 배상을 청구할 수 있다.

제22조 ①모든 국민은 학문과 예술의 자유를 가진다.
②저작자·발명가·과학기술자와 예술가의 권리는 법률로써 보호한다.

제23조 ①모든 국민의 재산권은 보장된다. 그 내용과 한계는 법률로 정한다.
②재산권의 행사는 공공복리에 적합하도록 하여야 한다.

③공공필요에 의한 재산권의 수용·사용 또는 제한 및 그에 대한 보상은 법률로써 하되, 정당한 보상을 지급하여야 한다.

제24조 모든 국민은 법률이 정하는 바에 의하여 선거권을 가진다.

제25조 모든 국민은 법률이 정하는 바에 의하여 공무담임권을 가진다.

제26조 ①모든 국민은 법률이 정하는 바에 의하여 국가기관에 문서로 청원할 권리를 가진다.
②국가는 청원에 대하여 심사할 의무를 진다.

제27조 ①모든 국민은 헌법과 법률이 정한 법관에 의하여 법률에 의한 재판을 받을 권리를 가진다.
②군인 또는 군무원이 아닌 국민은 대한민국의 영역 안에서는 중대한 군사상 기밀·초병·초소·유독음식물공급·포로·군용물에 관한 죄중 법률이 정한 경우와 비상계엄이 선포된 경우를 제외하고는 군사법원의 재판을 받지 아니한다.
③모든 국민은 신속한 재판을 받을 권리를 가진다. 형사피고인은 상당한 이유가 없는 한 지체없이 공개재판을 받을 권리를 가진다.
④형사피고인은 유죄의 판결이 확정될 때까지는 무죄로 추정된다.
⑤형사피해자는 법률이 정하는 바에 의하여 당해 사건의 재판절차에서 진술할 수 있다.

제28조 형사피의자 또는 형사피고인으로서 구금되었던 자가 법률이 정하는 불기소처분을 받거나 무죄판결을 받은 때에는 법률이 정하는 바에 의하여 국가에 정당한 보상을 청구할 수 있다.

제29조 ①공무원의 직무상 불법행위로 손해를 받은 국민은 법률이 정하는 바에 의하여 국가 또는 공공단체에 정당한 배상을 청구할 수 있다. 이 경우 공무원 자신의 책임은 면제되지 아니한다.
②군인·군무원·경찰공무원 기타 법률이 정하는 자가 전투·훈련등 직무집행과 관련하여 받은 손해에 대하여는 법률이 정하는 보상 외에 국가 또는 공공단체에 공무원의 직무상 불법행위로 인한 배상은 청구할 수 없다.

제30조 타인의 범죄행위로 인하여 생명·신체에 대한 피해를 받은 국민은 법률이 정하는 바에 의하여 국가로부터 구조를 받을 수 있다.

제31조 ①모든 국민은 능력에 따라 균등하게 교육을 받을 권리를 가진다.
②모든 국민은 그 보호하는 자녀에게 적어도 초등교육과 법률이 정하는 교육을 받게 할 의무를 진다.
③의무교육은 무상으로 한다.
④교육의 자주성·전문성·정치적 중립성 및 대학의 자율성은 법률이 정하는 바에 의하여 보장된다.
⑤국가는 평생교육을 진흥하여야 한다.
⑥학교교육 및 평생교육을 포함한 교육제도와 그 운영, 교육재정 및 교원의 지위에 관한 기본적인 사항은 법률로 정한다.

제32조 ①모든 국민은 근로의 권리를 가진다. 국가는 사회적·경제적 방법으로 근로자의 고용의 증진과 적정임금의 보장에 노력하여야 하며, 법률이 정하는 바에 의하여 최저임금제를 시행하여야 한다.
②모든 국민은 근로의 의무를 진다. 국가는 근로의 의무의 내용과 조건을 민주주의원칙에 따라 법률로 정한다.
③근로조건의 기준은 인간의 존엄성을 보장하도록 법률로 정한다.
④여자의 근로는 특별한 보호를 받으며, 고용·임금 및 근로조건에 있어서 부당한 차별을 받지 아니한다.
⑤연소자의 근로는 특별한 보호를 받는다.
⑥국가유공자·상이군경 및 전몰군경의 유가족은 법률이 정하는 바에 의하여 우선적으로 근로의 기회를 부여받는다.

제33조 ①근로자는 근로조건의 향상을 위하여 자주적인 단결권·단체교섭권 및 단체행동권을 가진다.
②공무원인 근로자는 법률이 정하는 자에 한하여 단결권·단체교섭권 및 단체행동권을 가진다.
③법률이 정하는 주요방위산업체에 종사하는 근로자의 단체행동권은 법률이 정하는 바에 의하여 이를 제한하거나 인정하지 아니할 수 있다.

제34조 ①모든 국민은 인간다운 생활을 할 권리를 가진다.
②국가는 사회보장·사회복지의 증진에 노력할 의무를 진다.
③국가는 여자의 복지와 권익의 향상을 위하여 노력하여야 한다.
④국가는 노인과 청소년의 복지향상을 위한 정책을 실시할 의무를 진다.
⑤신체장애자 및 질병·노령 기타의 사유로 생활능력이 없는 국민은 법률이 정하는 바에 의하여 국가의 보호를 받는다.
⑥국가는 재해를 예방하고 그 위험으로부터 국민을 보호하기 위하여 노력하여야 한다.

제35조 ①모든 국민은 건강하고 쾌적한 환경에서 생활할 권리를 가지며, 국가와 국민은 환경보전을 위하여 노력하여야 한다.
②환경권의 내용과 행사에 관하여는 법률로 정한다.
③국가는 주택개발정책등을 통하여 모든 국민이 쾌적한 주거생활을 할 수 있도록 노력하여야 한다.

제36조 ①혼인과 가족생활은 개인의 존엄과 양성의 평등을 기초로 성립되고 유지되어야 하며, 국가는 이를 보장한다.
②국가는 모성의 보호를 위하여 노력하여야 한다.
③모든 국민은 보건에 관하여 국가의 보호를 받는다.

제37조 ①국민의 자유와 권리는 헌법에 열거되지 아니한 이유로 경시되지 아니한다.
②국민의 모든 자유와 권리는 국가안전보장·질서유지 또는 공공복리를 위하여 필요한 경우에 한하여 법률로써 제한할 수 있으며, 제한하는 경우에도 자유와 권리의 본질적인 내용을 침해할 수 없다.

제38조 모든 국민은 법률이 정하는 바에 의하여 납세의 의무를 진다.

제39조 ①모든 국민은 법률이 정하는 바에 의하여 국방의 의무를 진다.
②누구든지 병역의무의 이행으로 인하여 불이익한 처우를 받지 아니한다.

제3장 국회

제40조 입법권은 국회에 속한다.

제41조 ①국회는 국민의 보통·평등·직접·비밀선거에 의하여 선출된 국회의원으로 구성한다.
②국회의원의 수는 법률로 정하되, 200인 이상으로 한다.
③국회의원의 선거구와 비례대표제 기타 선거에 관한 사항은 법률로 정한다.

제42조 국회의원의 임기는 4년으로 한다.

제43조 국회의원은 법률이 정하는 직을 겸할 수 없다.

제44조 ①국회의원은 현행범인인 경우를 제외하고는 회기 중 국회의 동의없이 체포 또는 구금되지 아니한다.
②국회의원이 회기 전에 체포 또는 구금된 때에는 현행범인이 아닌 한 국회의 요구가 있으면 회기 중 석방된다.

제45조 국회의원은 국회에서 직무상 행한 발언과 표결에 관하여 국회 외에서 책임을 지지 아니한다.

제46조 ①국회의원은 청렴의 의무가 있다.
②국회의원은 국가이익을 우선하여 양심에 따라 직무를 행한다.
③국회의원은 그 지위를 남용하여 국가·공공단체 또는 기업체와의 계약이나 그 처분에 의하여 재산상의 권리·이익 또는 직위를 취득하거나 타인을 위하여 그 취득을 알선할 수 없다.

제47조 ①국회의 정기회는 법률이 정하는 바에 의하여 매년 1회 집회되며, 국회의 임시회는 대통령 또는 국회재적의원 4분의 1 이상의 요구에 의하여 집회된다.
②정기회의 회기는 100일을, 임시회의 회기는 30일을 초과할 수 없다.
③대통령이 임시회의 집회를 요구할 때에는 기간과 집회요구의 이유를 명시하

여야 한다.

제48조 국회는 의장 1인과 부의장 2인을 선출한다.

제49조 국회는 헌법 또는 법률에 특별한 규정이 없는 한 재적의원 과반수의 출석과 출석의원 과반수의 찬성으로 의결한다. 가부동수인 때에는 부결된 것으로 본다.

제50조 ①국회의 회의는 공개한다. 다만, 출석의원 과반수의 찬성이 있거나 의장이 국가의 안전보장을 위하여 필요하다고 인정할 때에는 공개하지 아니할 수 있다.
②공개하지 아니한 회의내용의 공표에 관하여는 법률이 정하는 바에 의한다.

제51조 국회에 제출된 법률안 기타의 의안은 회기 중에 의결되지 못한 이유로 폐기되지 아니한다. 다만, 국회의원의 임기가 만료된 때에는 그러하지 아니하다.

제52조 국회의원과 정부는 법률안을 제출할 수 있다.

제53조 ①국회에서 의결된 법률안은 정부에 이송되어 15일 이내에 대통령이 공포한다.
②법률안에 이의가 있을 때에는 대통령은 제1항의 기간내에 이의서를 붙여 국회로 환부하고, 그 재의를 요구할 수 있다. 국회의 폐회 중에도 또한 같다.
③대통령은 법률안의 일부에 대하여 또는 법률안을 수정하여 재의를 요구할 수 없다.
④재의의 요구가 있을 때에는 국회는 재의에 붙이고, 재적의원 과반수의 출석과 출석의원 3분의 2 이상의 찬성으로 전과 같은 의결을 하면 그 법률안은 법률로서 확정된다.
⑤대통령이 제1항의 기간 내에 공포나 재의의 요구를 하지 아니한 때에도 그 법률안은 법률로서 확정된다.
⑥대통령은 제4항과 제5항의 규정에 의하여 확정된 법률을 지체없이 공포하여야 한다. 제5항에 의하여 법률이 확정된 후 또는 제4항에 의한 확정법률이 정부에 이송된 후 5일 이내에 대통령이 공포하지 아니할 때에는 국회의장이

이를 공포한다.
⑦법률은 특별한 규정이 없는 한 공포한 날로부터 20일을 경과함으로써 효력을 발생한다.

제54조 ①국회는 국가의 예산안을 심의·확정한다.
②정부는 회계연도마다 예산안을 편성하여 회계연도 개시 90일 전까지 국회에 제출하고, 국회는 회계연도 개시 30일 전까지 이를 의결하여야 한다.
③새로운 회계연도가 개시될 때까지 예산안이 의결되지 못한 때에는 정부는 국회에서 예산안이 의결될 때까지 다음의 목적을 위한 경비는 전년도 예산에 준하여 집행할 수 있다.
1. 헌법이나 법률에 의하여 설치된 기관 또는 시설의 유지·운영
2. 법률상 지출의무의 이행
3. 이미 예산으로 승인된 사업의 계속

제55조 ①한 회계연도를 넘어 계속하여 지출할 필요가 있을 때에는 정부는 연한을 정하여 계속비로서 국회의 의결을 얻어야 한다.
②예비비는 총액으로 국회의 의결을 얻어야 한다. 예비비의 지출은 차기국회의 승인을 얻어야 한다.

제56조 정부는 예산에 변경을 가할 필요가 있을 때에는 추가경정예산안을 편성하여 국회에 제출할 수 있다.

제57조 국회는 정부의 동의 없이 정부가 제출한 지출예산 각항의 금액을 증가하거나 새 비목을 설치할 수 없다.

제58조 국채를 모집하거나 예산 외에 국가의 부담이 될 계약을 체결하려 할 때에는 정부는 미리 국회의 의결을 얻어야 한다.

제59조 조세의 종목과 세율은 법률로 정한다.

제60조 ①국회는 상호원조 또는 안전보장에 관한 조약, 중요한 국제조직에 관한 조약, 우호통상항해조약, 주권의 제약에 관한 조약, 강화조약, 국가나 국

민에게 중대한 재정적 부담을 지우는 조약 또는 입법사항에 관한 조약의 체결·비준에 대한 동의권을 가진다.
②국회는 선전포고, 국군의 외국에의 파견 또는 외국군대의 대한민국 영역 안에서의 주류에 대한 동의권을 가진다.

제61조 ①국회는 국정을 감사하거나 특정한 국정사안에 대하여 조사할 수 있으며, 이에 필요한 서류의 제출 또는 증인의 출석과 증언이나 의견의 진술을 요구할 수 있다.
②국정감사 및 조사에 관한 절차 기타 필요한 사항은 법률로 정한다.

제62조 ①국무총리·국무위원 또는 정부위원은 국회나 그 위원회에 출석하여 국정처리상황을 보고하거나 의견을 진술하고 질문에 응답할 수 있다.
②국회나 그 위원회의 요구가 있을 때에는 국무총리·국무위원 또는 정부위원은 출석·답변하여야 하며, 국무총리 또는 국무위원이 출석요구를 받은 때에는 국무위원 또는 정부위원으로 하여금 출석·답변하게 할 수 있다.

제63조 ①국회는 국무총리 또는 국무위원의 해임을 대통령에게 건의할 수 있다.
②제1항의 해임건의는 국회재적의원 3분의 1 이상의 발의에 의하여 국회재적의원 과반수의 찬성이 있어야 한다.

제64조 ①국회는 법률에 저촉되지 아니하는 범위 안에서 의사와 내부규율에 관한 규칙을 제정할 수 있다.
②국회는 의원의 자격을 심사하며, 의원을 징계할 수 있다.
③의원을 제명하려면 국회재적의원 3분의 2 이상의 찬성이 있어야 한다.
④제2항과 제3항의 처분에 대하여는 법원에 제소할 수 없다.

제65조 ①대통령·국무총리·국무위원·행정각부의 장·헌법재판소 재판관·법관·중앙선거관리위원회 위원·감사원장·감사위원 기타 법률이 정한 공무원이 그 직무집행에 있어서 헌법이나 법률을 위배한 때에는 국회는 탄핵의 소추를 의결할 수 있다.
②제1항의 탄핵소추는 국회재적의원 3분의 1 이상의 발의가 있어야 하며, 그 의결은 국회재적의원 과반수의 찬성이 있어야 한다. 다만, 대통령에 대한 탄핵

소추는 국회재적의원 과반수의 발의와 국회재적의원 3분의 2 이상의 찬성이 있어야 한다.
③탄핵소추의 의결을 받은 자는 탄핵심판이 있을 때까지 그 권한행사가 정지된다.
④탄핵결정은 공직으로부터 파면함에 그친다. 그러나, 이에 의하여 민사상이나 형사상의 책임이 면제되지는 아니한다.

제4장 정부

제1절 대통령

제66조 ①대통령은 국가의 원수이며, 외국에 대하여 국가를 대표한다.
②대통령은 국가의 독립·영토의 보전·국가의 계속성과 헌법을 수호할 책무를 진다.
③대통령은 조국의 평화적 통일을 위한 성실한 의무를 진다.
④행정권은 대통령을 수반으로 하는 정부에 속한다.

제67조 ①대통령은 국민의 보통·평등·직접·비밀선거에 의하여 선출한다.
②제1항의 선거에 있어서 최고득표자가 2인 이상인 때에는 국회의 재적의원 과반수가 출석한 공개회의에서 다수표를 얻은 자를 당선자로 한다.
③대통령후보자가 1인일 때에는 그 득표수가 선거권자 총수의 3분의 1 이상이 아니면 대통령으로 당선될 수 없다.
④대통령으로 선거될 수 있는 자는 국회의원의 피선거권이 있고 선거일 현재 40세에 달하여야 한다.
⑤대통령의 선거에 관한 사항은 법률로 정한다.

제68조 ①대통령의 임기가 만료되는 때에는 임기만료 70일 내지 40일 전에 후임자를 선거한다.
②대통령이 궐위된 때 또는 대통령 당선자가 사망하거나 판결 기타의 사유로 그 자격을 상실한 때에는 60일 이내에 후임자를 선거한다.

제69조 대통령은 취임에 즈음하여 다음의 선서를 한다.
"나는 헌법을 준수하고 국가를 보위하며 조국의 평화적 통일과 국민의 자유와 복리의 증진 및 민족문화의 창달에 노력하여 대통령으로서의 직책을 성실히 수행할 것을 국민 앞에 엄숙히 선서합니다."

제70조 대통령의 임기는 5년으로 하며, 중임할 수 없다.

제71조 대통령이 궐위되거나 사고로 인하여 직무를 수행할 수 없을 때에는 국무총리, 법률이 정한 국무위원의 순서로 그 권한을 대행한다.

제72조 대통령은 필요하다고 인정할 때에는 외교·국방·통일 기타 국가안위에 관한 중요정책을 국민투표에 붙일 수 있다.

제73조 대통령은 조약을 체결·비준하고, 외교사절을 신임·접수 또는 파견하며, 선전포고와 강화를 한다.

제74조 ①대통령은 헌법과 법률이 정하는 바에 의하여 국군을 통수한다.
②국군의 조직과 편성은 법률로 정한다.

제75조 대통령은 법률에서 구체적으로 범위를 정하여 위임받은 사항과 법률을 집행하기 위하여 필요한 사항에 관하여 대통령령을 발할 수 있다.

제76조 ①대통령은 내우·외환·천재·지변 또는 중대한 재정·경제상의 위기에 있어서 국가의 안전보장 또는 공공의 안녕질서를 유지하기 위하여 긴급한 조치가 필요하고 국회의 집회를 기다릴 여유가 없을 때에 한하여 최소한으로 필요한 재정·경제상의 처분을 하거나 이에 관하여 법률의 효력을 가지는 명령을 발할 수 있다.
②대통령은 국가의 안위에 관계되는 중대한 교전상태에 있어서 국가를 보위하기 위하여 긴급한 조치가 필요하고 국회의 집회가 불가능한 때에 한하여 법률의 효력을 가지는 명령을 발할 수 있다.
③대통령은 제1항과 제2항의 처분 또는 명령을 한 때에는 지체없이 국회에 보고하여 그 승인을 얻어야 한다.

④제3항의 승인을 얻지 못한 때에는 그 처분 또는 명령은 그때부터 효력을 상실한다. 이 경우 그 명령에 의하여 개정 또는 폐지되었던 법률은 그 명령이 승인을 얻지 못한 때부터 당연히 효력을 회복한다.
⑤대통령은 제3항과 제4항의 사유를 지체없이 공포하여야 한다.

제77조 ①대통령은 전시·사변 또는 이에 준하는 국가비상사태에 있어서 병력으로써 군사상의 필요에 응하거나 공공의 안녕질서를 유지할 필요가 있을 때에는 법률이 정하는 바에 의하여 계엄을 선포할 수 있다.
②계엄은 비상계엄과 경비계엄으로 한다.
③비상계엄이 선포된 때에는 법률이 정하는 바에 의하여 영장제도, 언론·출판·집회·결사의 자유, 정부나 법원의 권한에 관하여 특별한 조치를 할 수 있다.
④계엄을 선포한 때에는 대통령은 지체없이 국회에 통고하여야 한다.
⑤국회가 재적의원 과반수의 찬성으로 계엄의 해제를 요구한 때에는 대통령은 이를 해제하여야 한다.

제78조 대통령은 헌법과 법률이 정하는 바에 의하여 공무원을 임면한다.

제79조 ①대통령은 법률이 정하는 바에 의하여 사면·감형 또는 복권을 명할 수 있다.
②일반사면을 명하려면 국회의 동의를 얻어야 한다.
③사면·감형 및 복권에 관한 사항은 법률로 정한다.

제80조 대통령은 법률이 정하는 바에 의하여 훈장 기타의 영전을 수여한다.

제81조 대통령은 국회에 출석하여 발언하거나 서한으로 의견을 표시할 수 있다.

제82조 대통령의 국법상 행위는 문서로써 하며, 이 문서에는 국무총리와 관계국무위원이 부서한다. 군사에 관한 것도 또한 같다.

제83조 대통령은 국무총리·국무위원·행정각부의 장 기타 법률이 정하는 공사의 직을 겸할 수 없다.

제84조 대통령은 내란 또는 외환의 죄를 범한 경우를 제외하고는 재직 중 형사상의 소추를 받지 아니한다.

제85조 전직대통령의 신분과 예우에 관하여는 법률로 정한다.

제2절 행정부
제1관 국무총리와 국무위원

제86조 ①국무총리는 국회의 동의를 얻어 대통령이 임명한다.
②국무총리는 대통령을 보좌하며, 행정에 관하여 대통령의 명을 받아 행정각부를 통할한다.
③군인은 현역을 면한 후가 아니면 국무총리로 임명될 수 없다.

제87조 ①국무위원은 국무총리의 제청으로 대통령이 임명한다.
②국무위원은 국정에 관하여 대통령을 보좌하며, 국무회의의 구성원으로서 국정을 심의한다.
③국무총리는 국무위원의 해임을 대통령에게 건의할 수 있다.
④군인은 현역을 면한 후가 아니면 국무위원으로 임명될 수 없다.

제2관 국무회의

제88조 ①국무회의는 정부의 권한에 속하는 중요한 정책을 심의한다.
②국무회의는 대통령·국무총리와 15인 이상 30인 이하의 국무위원으로 구성한다.
③대통령은 국무회의의 의장이 되고, 국무총리는 부의장이 된다.

제89조 다음 사항은 국무회의의 심의를 거쳐야 한다.
1. 국정의 기본계획과 정부의 일반정책
2. 선전·강화 기타 중요한 대외정책
3. 헌법개정안·국민투표안·조약안·법률안 및 대통령령안
4. 예산안·결산·국유재산처분의 기본계획·국가의 부담이 될 계약 기타 재

정에 관한 중요사항
5. 대통령의 긴급명령·긴급재정경제처분 및 명령 또는 계엄과 그 해제
6. 군사에 관한 중요사항
7. 국회의 임시회 집회의 요구
8. 영전수여
9. 사면·감형과 복권
10. 행정각부간의 권한의 획정
11. 정부 안의 권한의 위임 또는 배정에 관한 기본계획
12. 국정처리상황의 평가·분석
13. 행정각부의 중요한 정책의 수립과 조정
14. 정당해산의 제소
15. 정부에 제출 또는 회부된 정부의 정책에 관계되는 청원의 심사
16. 검찰총장·합동참모의장·각군참모총장·국립대학교총장·대사 기타 법률이 정한 공무원과 국영기업체관리자의 임명
17. 기타 대통령·국무총리 또는 국무위원이 제출한 사항

제90조 ①국정의 중요한 사항에 관한 대통령의 자문에 응하기 위하여 국가원로로 구성되는 국가원로자문회의를 둘 수 있다.
②국가원로자문회의의 의장은 직전대통령이 된다. 다만, 직전대통령이 없을 때에는 대통령이 지명한다.
③국가원로자문회의의 조직·직무범위 기타 필요한 사항은 법률로 정한다.

제91조 ①국가안전보장에 관련되는 대외정책·군사정책과 국내정책의 수립에 관하여 국무회의의 심의에 앞서 대통령의 자문에 응하기 위하여 국가안전보장회의를 둔다.
②국가안전보장회의는 대통령이 주재한다.
③국가안전보장회의의 조직·직무범위 기타 필요한 사항은 법률로 정한다.

제92조 ①평화통일정책의 수립에 관한 대통령의 자문에 응하기 위하여 민주평화통일자문회의를 둘 수 있다.
②민주평화통일자문회의의 조직·직무범위 기타 필요한 사항은 법률로 정한다.

제93조 ①국민경제의 발전을 위한 중요정책의 수립에 관하여 대통령의 자문에 응하기 위하여 국민경제자문회의를 둘 수 있다.
②국민경제자문회의의 조직·직무범위 기타 필요한 사항은 법률로 정한다.

제3관 행정각부

제94조 행정각부의 장은 국무위원 중에서 국무총리의 제청으로 대통령이 임명한다.

제95조 국무총리 또는 행정각부의 장은 소관사무에 관하여 법률이나 대통령령의 위임 또는 직권으로 총리령 또는 부령을 발할 수 있다.

제96조 행정각부의 설치·조직과 직무범위는 법률로 정한다.

제4관 감사원

제97조 국가의 세입·세출의 결산, 국가 및 법률이 정한 단체의 회계검사와 행정기관 및 공무원의 직무에 관한 감찰을 하기 위하여 대통령 소속하에 감사원을 둔다.

제98조 ①감사원은 원장을 포함한 5인 이상 11인 이하의 감사위원으로 구성한다.
②원장은 국회의 동의를 얻어 대통령이 임명하고, 그 임기는 4년으로 하며, 1차에 한하여 중임할 수 있다.
③감사위원은 원장의 제청으로 대통령이 임명하고, 그 임기는 4년으로 하며, 1차에 한하여 중임할 수 있다.

제99조 감사원은 세입·세출의 결산을 매년 검사하여 대통령과 차년도국회에 그 결과를 보고하여야 한다.

제100조 감사원의 조직·직무범위·감사위원의 자격·감사대상공무원의 범위 기타 필요한 사항은 법률로 정한다.

제5장 법원

제101조 ①사법권은 법관으로 구성된 법원에 속한다.
②법원은 최고법원인 대법원과 각급법원으로 조직된다.
③법관의 자격은 법률로 정한다.

제102조 ①대법원에 부를 둘 수 있다.
②대법원에 대법관을 둔다. 다만, 법률이 정하는 바에 의하여 대법관이 아닌 법관을 둘 수 있다.
③대법원과 각급법원의 조직은 법률로 정한다.

제103조 법관은 헌법과 법률에 의하여 그 양심에 따라 독립하여 심판한다.

제104조 ①대법원장은 국회의 동의를 얻어 대통령이 임명한다.
②대법관은 대법원장의 제청으로 국회의 동의를 얻어 대통령이 임명한다.
③대법원장과 대법관이 아닌 법관은 대법관회의의 동의를 얻어 대법원장이 임명한다.

제105조 ①대법원장의 임기는 6년으로 하며, 중임할 수 없다.
②대법관의 임기는 6년으로 하며, 법률이 정하는 바에 의하여 연임할 수 있다.
③대법원장과 대법관이 아닌 법관의 임기는 10년으로 하며, 법률이 정하는 바에 의하여 연임할 수 있다.
④법관의 정년은 법률로 정한다.

제106조 ①법관은 탄핵 또는 금고 이상의 형의 선고에 의하지 아니하고는 파면되지 아니하며, 징계처분에 의하지 아니하고는 정직·감봉 기타 불리한 처분을 받지 아니한다.
②법관이 중대한 심신상의 장해로 직무를 수행할 수 없을 때에는 법률이 정하는 바에 의하여 퇴직하게 할 수 있다.

제107조 ①법률이 헌법에 위반되는 여부가 재판의 전제가 된 경우에는 법원은 헌법재판소에 제청하여 그 심판에 의하여 재판한다.

②명령·규칙 또는 처분이 헌법이나 법률에 위반되는 여부가 재판의 전제가 된 경우에는 대법원은 이를 최종적으로 심사할 권한을 가진다.
③재판의 전심절차로서 행정심판을 할 수 있다. 행정심판의 절차는 법률로 정하되, 사법절차가 준용되어야 한다.

제108조 대법원은 법률에 저촉되지 아니하는 범위 안에서 소송에 관한 절차, 법원의 내부규율과 사무처리에 관한 규칙을 제정할 수 있다.

제109조 재판의 심리와 판결은 공개한다. 다만, 심리는 국가의 안전보장 또는 안녕질서를 방해하거나 선량한 풍속을 해할 염려가 있을 때에는 법원의 결정으로 공개하지 아니할 수 있다.

제110조 ①군사재판을 관할하기 위하여 특별법원으로서 군사법원을 둘 수 있다.
②군사법원의 상고심은 대법원에서 관할한다.
③군사법원의 조직·권한 및 재판관의 자격은 법률로 정한다.
④비상계엄하의 군사재판은 군인·군무원의 범죄나 군사에 관한 간첩죄의 경우와 초병·초소·유독음식물공급·포로에 관한 죄 중 법률이 정한 경우에 한하여 단심으로 할 수 있다. 다만, 사형을 선고한 경우에는 그러하지 아니하다.

제6장 헌법재판소

제111조 ①헌법재판소는 다음 사항을 관장한다.
1. 법원의 제청에 의한 법률의 위헌여부 심판
2. 탄핵의 심판
3. 정당의 해산 심판
4. 국가기관 상호간, 국가기관과 지방자치단체간 및 지방자치단체 상호간의 권한쟁의에 관한 심판
5. 법률이 정하는 헌법소원에 관한 심판
②헌법재판소는 법관의 자격을 가진 9인의 재판관으로 구성하며, 재판관은 대통령이 임명한다.
③제2항의 재판관중 3인은 국회에서 선출하는 자를, 3인은 대법원장이 지명

하는 자를 임명한다.
④헌법재판소의 장은 국회의 동의를 얻어 재판관 중에서 대통령이 임명한다.

제112조 ①헌법재판소 재판관의 임기는 6년으로 하며, 법률이 정하는 바에 의하여 연임할 수 있다.
②헌법재판소 재판관은 정당에 가입하거나 정치에 관여할 수 없다.
③헌법재판소 재판관은 탄핵 또는 금고 이상의 형의 선고에 의하지 아니하고는 파면되지 아니한다.

제113조 ①헌법재판소에서 법률의 위헌결정, 탄핵의 결정, 정당해산의 결정 또는 헌법소원에 관한 인용결정을 할 때에는 재판관 6인 이상의 찬성이 있어야 한다.
②헌법재판소는 법률에 저촉되지 아니하는 범위 안에서 심판에 관한 절차, 내부규율과 사무처리에 관한 규칙을 제정할 수 있다.
③헌법재판소의 조직과 운영 기타 필요한 사항은 법률로 정한다.

제7장 선거관리

제114조 ①선거와 국민투표의 공정한 관리 및 정당에 관한 사무를 처리하기 위하여 선거관리위원회를 둔다.
②중앙선거관리위원회는 대통령이 임명하는 3인, 국회에서 선출하는 3인과 대법원장이 지명하는 3인의 위원으로 구성한다. 위원장은 위원 중에서 호선한다.
③위원의 임기는 6년으로 한다.
④위원은 정당에 가입하거나 정치에 관여할 수 없다.
⑤위원은 탄핵 또는 금고 이상의 형의 선고에 의하지 아니하고는 파면되지 아니한다.
⑥중앙선거관리위원회는 법령의 범위 안에서 선거관리·국민투표관리 또는 정당사무에 관한 규칙을 제정할 수 있으며, 법률에 저촉되지 아니하는 범위 안에서 내부규율에 관한 규칙을 제정할 수 있다.
⑦각급 선거관리위원회의 조직·직무범위 기타 필요한 사항은 법률로 정한다.

제115조 ①각급 선거관리위원회는 선거인명부의 작성 등 선거사무와 국민투표사무에 관하여 관계 행정기관에 필요한 지시를 할 수 있다.
②제1항의 지시를 받은 당해 행정기관은 이에 응하여야 한다.

제116조 ①선거운동은 각급 선거관리위원회의 관리하에 법률이 정하는 범위 안에서 하되, 균등한 기회가 보장되어야 한다.
②선거에 관한 경비는 법률이 정하는 경우를 제외하고는 정당 또는 후보자에게 부담시킬 수 없다.

제8장 지방자치

제117조 ①지방자치단체는 주민의 복리에 관한 사무를 처리하고 재산을 관리하며, 법령의 범위 안에서 자치에 관한 규정을 제정할 수 있다.
②지방자치단체의 종류는 법률로 정한다.

제118조 ①지방자치단체에 의회를 둔다.
②지방의회의 조직·권한·의원선거와 지방자치단체의 장의 선임방법 기타 지방자치단체의 조직과 운영에 관한 사항은 법률로 정한다.

제9장 경제

제119조 ①대한민국의 경제질서는 개인과 기업의 경제상의 자유와 창의를 존중함을 기본으로 한다.
②국가는 균형있는 국민경제의 성장 및 안정과 적정한 소득의 분배를 유지하고, 시장의 지배와 경제력의 남용을 방지하며, 경제주체간의 조화를 통한 경제의 민주화를 위하여 경제에 관한 규제와 조정을 할 수 있다.

제120조 ①광물 기타 중요한 지하자원·수산자원·수력과 경제상 이용할 수 있는 자연력은 법률이 정하는 바에 의하여 일정한 기간 그 채취·개발 또는 이용을 특허할 수 있다.

②국토와 자원은 국가의 보호를 받으며, 국가는 그 균형있는 개발과 이용을 위하여 필요한 계획을 수립한다.

제121조 ①국가는 농지에 관하여 경자유전의 원칙이 달성될 수 있도록 노력하여야 하며, 농지의 소작제도는 금지된다.
②농업생산성의 제고와 농지의 합리적인 이용을 위하거나 불가피한 사정으로 발생하는 농지의 임대차와 위탁경영은 법률이 정하는 바에 의하여 인정된다.

제122조 국가는 국민 모두의 생산 및 생활의 기반이 되는 국토의 효율적이고 균형있는 이용·개발과 보전을 위하여 법률이 정하는 바에 의하여 그에 관한 필요한 제한과 의무를 과할 수 있다.

제123조 ①국가는 농업 및 어업을 보호·육성하기 위하여 농·어촌종합개발과 그 지원등 필요한 계획을 수립·시행하여야 한다.
②국가는 지역간의 균형있는 발전을 위하여 지역경제를 육성할 의무를 진다.
③국가는 중소기업을 보호·육성하여야 한다.
④국가는 농수산물의 수급균형과 유통구조의 개선에 노력하여 가격안정을 도모함으로써 농·어민의 이익을 보호한다.
⑤국가는 농·어민과 중소기업의 자조조직을 육성하여야 하며, 그 자율적 활동과 발전을 보장한다.

제124조 국가는 건전한 소비행위를 계도하고 생산품의 품질향상을 촉구하기 위한 소비자보호운동을 법률이 정하는 바에 의하여 보장한다.

제125조 국가는 대외무역을 육성하며, 이를 규제·조정할 수 있다.

제126조 국방상 또는 국민경제상 긴절한 필요로 인하여 법률이 정하는 경우를 제외하고는, 사영기업을 국유 또는 공유로 이전하거나 그 경영을 통제 또는 관리할 수 없다.

제127조 ①국가는 과학기술의 혁신과 정보 및 인력의 개발을 통하여 국민경제의 발전에 노력하여야 한다.

②국가는 국가표준제도를 확립한다.
③대통령은 제1항의 목적을 달성하기 위하여 필요한 자문기구를 둘 수 있다.

제10장 헌법개정

제128조 ①헌법개정은 국회재적의원 과반수 또는 대통령의 발의로 제안된다.
②대통령의 임기연장 또는 중임변경을 위한 헌법개정은 그 헌법개정 제안 당시의 대통령에 대하여는 효력이 없다.

제129조 제안된 헌법개정안은 대통령이 20일 이상의 기간 이를 공고하여야 한다.

제130조 ①국회는 헌법개정안이 공고된 날로부터 60일 이내에 의결하여야 하며, 국회의 의결은 재적의원 3분의 2 이상의 찬성을 얻어야 한다.
②헌법개정안은 국회가 의결한 후 30일 이내에 국민투표에 붙여 국회의원선거권자 과반수의 투표와 투표자 과반수의 찬성을 얻어야 한다.
③헌법개정안이 제2항의 찬성을 얻은 때에는 헌법개정은 확정되며, 대통령은 즉시 이를 공포하여야 한다.

　　　　부칙 〈제10호, 1987. 10. 29.〉
제1조 이 헌법은 1988년 2월 25일부터 시행한다. 다만, 이 헌법을 시행하기 위하여 필요한 법률의 제정·개정과 이 헌법에 의한 대통령 및 국회의원의 선거 기타 이 헌법시행에 관한 준비는 이 헌법시행 전에 할 수 있다.

제2조 ①이 헌법에 의한 최초의 대통령선거는 이 헌법시행일 40일 전까지 실시한다.
②이 헌법에 의한 최초의 대통령의 임기는 이 헌법시행일로부터 개시한다.

제3조 ①이 헌법에 의한 최초의 국회의원선거는 이 헌법공포일로부터 6월 이내에 실시하며, 이 헌법에 의하여 선출된 최초의 국회의원의 임기는 국회의원선거후 이 헌법에 의한 국회의 최초의 집회일로부터 개시한다.

②이 헌법공포 당시의 국회의원의 임기는 제1항에 의한 국회의 최초의 집회일 전일까지로 한다.

제4조 ①이 헌법시행 당시의 공무원과 정부가 임명한 기업체의 임원은 이 헌법에 의하여 임명된 것으로 본다. 다만, 이 헌법에 의하여 선임방법이나 임명권자가 변경된 공무원과 대법원장 및 감사원장은 이 헌법에 의하여 후임자가 선임될 때까지 그 직무를 행하며, 이 경우 전임자인 공무원의 임기는 후임자가 선임되는 전일까지로 한다.
②이 헌법시행 당시의 대법원장과 대법원판사가 아닌 법관은 제1항 단서의 규정에 불구하고 이 헌법에 의하여 임명된 것으로 본다.
③이 헌법 중 공무원의 임기 또는 중임제한에 관한 규정은 이 헌법에 의하여 그 공무원이 최초로 선출 또는 임명된 때로부터 적용한다.

제5조 이 헌법시행 당시의 법령과 조약은 이 헌법에 위배되지 아니하는 한 그 효력을 지속한다.

제6조 이 헌법시행 당시에 이 헌법에 의하여 새로 설치될 기관의 권한에 속하는 직무를 행하고 있는 기관은 이 헌법에 의하여 새로운 기관이 설치될 때까지 존속하며 그 직무를 행한다.

| 맺음말 |

우리는 모두 어떤 국가에서 살고 싶은가요?

저는 자유민주주의의 가치가 사회 모든 영역에 스며든 국가를 꿈꿉니다. 인간의 존엄성이 최우선으로 존중받는 사회에서, 우리 모두가 진정한 주권자로서 살아가는 나라를 원합니다.

그러나 이러한 나라는 저절로 만들어지지 않습니다. 우리가 직접 정치 민주주의에 참여할 때, 비로소 그 토대가 견고해집니다.

대한민국은 수많은 눈물과 희생으로 일궈낸 소중한 국가입니다. 그럼에도 우리는 비상계엄이라는 민주주의의 퇴행을 경험했습니다.
이는 자유민주주의의 뿌리가 아직 충분히 깊지 않다는 경고였습니다.

대한민국 민주주의에 안주할 수 없는 이유가 여기에 있습니다. 진정한 행복은 완성된 민주주의의 토대 위에서만 꽃필 수 있기 때문입니다. 단언컨대, 시민 한 사람, 한 사람의 적극적인 정치 참여만이 더 나은 자유민주주의를 현실로 만들 수 있습니다.

　시민들이 연대하여 정치에 참여할 때, 우리는 스스로의 권리를 지키고 더 풍요로운 삶을 일구어낼 수 있습니다. 침묵하는 순간, 우리의 권리는 서서히 침식됩니다.

　이 책이 여러분에게 정치를 더 깊이 이해하고, 진정성 있는 관심을 갖게 되는 계기가 되기를 간절히 바랍니다. 그럴 때 우리는 선조들이 물려준 국가에 진정한 감사를 표할 수 있으며, 민주주의의 꽃을 더욱 아름답게 피워낼 수 있을 것입니다.

　우리 모두가 주인인 대한민국, 함께 만들어 갑시다.

현장 인문학 연구소
정병태 교수

헌법 국가 자유 민주주의
침묵의 대가: 정치적 무관심이 위협하는 민주주의

초판 1쇄 발행 2025년 10월 15일

지은이 | 정병태
기획 편집 총괄 | 정병태
편집·디자인 | 홍소윤
펴낸곳 | 한덤북스
주소 | 서울시 금천구 시흥대로 97 시흥유통센터 32동 302호
팩스 | (02) 862-2102
웹사이트 | http://www.jbt100.kr
ISBN | 979-11-85156-63-7 (03300)
정가 | 15,500원

이 출판물은 저작권법에 의해 보호를 받는 저작물이므로
무단 전재와 무단 복제를 금합니다.

강의 문의 jbt6921@hanmail.net